Márcio Scansani

Moshe Baruch

Uma vida singular

Márcio Scansani

Moshe Baruch

Uma vida singular

Linotipo Digital

EDITORES: Laerte Lucas Zanetti e Luiz Márcio Betetto Scansani

COORDENAÇÃO DE PRODUÇÃO: Laerte Lucas Zanetti

CAPA: Rogério Salgado/ Spress

FOTO DA CAPA: Foto do *The Bor* de 1939 do Colégio Americano de Sófia - Moshe Baruch aos dezoito anos. Autor desconhecido, foto pertencente ao arquivo da família Baruch.

FOTO DA CONTRACAPA: Moshe Baruch em outubro de 2015 / foto de Edna Baruch

EDIÇÃO DE TEXTO: Maria Aparecida Bessana

REVISÕES: Hermes Rodrigues Nery

FOTO DO AUTOR: Verônica Partinski

Dados Internacionais de Catalogação na Publicação (CIP)
(Câmara Brasileira do Livro, SP, Brasil)

Scansani, Márcio
Moshe Baruch : uma vida singular / Márcio Scansani. —
São Paulo : Linotipo Digital, 2015.

ISBN 978-85-65854-11-5

1. Baruch, Moshe 2. Homens - Biografia 3. Família Baruch
4. Israelenses I. Título.

15-07744 CDD - 920.71

Índices para catálogo sistemático:
1. Homens : Biografia 920.71

Este livro segue as regras do Acordo Ortográfico da Língua Portuguesa, em vigor desde 01/01/2009.

2015
Todos os direitos desta edição reservados à
Linotipo Digital Editora e Livraria Ltda.
Rua Marconi, 107, sala 505
01047-000 - República - São Paulo, SP

www.linodigi.com.br - (11) 3256-5823

Sumário

Prólogo

Esta edição foi um trabalho que muitos prazeres, e também preocupações, nos causou.

Toda biografia de um grande homem impõe uma responsabilidade igualmente grande a quem se propõe a editá-la e, mais ainda, a escrevê-la.

Não foi diferente conosco, mormente por termos realizado ambas as tarefas, que resultaram nesta obra, em um duplo processo de ganho de experiência editorial, por ser a primeira biografia que apresentamos a nossos leitores, e por ser o primeiro livro escrito por um de nós, Márcio Scansani, que, a bem da verdade, foi seu idealizador.

Amigo da família Baruch e profundo admirador de seu patriarca, o sr. Moshe Baruch, nosso biografado, Márcio me instou várias vezes, todas com grande entusiasmo, a iniciarmos os trabalhos, até que tivemos essa oportunidade. Na primeira etapa, fomos brindados com dezessete fantásticas conversas com o sr. Moshe Baruch, todas na sala aconchegante de seu apartamento no bairro paulistano de Higienópolis, região de grande preferência de muitos hebreus como ele.

A quase totalidade dessas entrevistas foi acompanhada também pela sra. Sarah Baruch, sua esposa, a saudosa dona Sally, que infelizmente nos deixou antes da conclusão deste livro, mas que ficará para sempre em nossa memória — e em nosso coração — pela sua simpática e calorosa acolhida, permeada pela atenção e pelo carinho que nos dispensava todas as noites, tornando-as mais fantásticas ainda.

Dona Sally, discretíssima, não queria ser citada no livro, mas Márcio não pôde deixar de fazê-lo; isso seria absolutamente impossível, e esperamos que, de onde ela estiver, alma elevada que é, entenda nossa pequena desobediência.

Desnecessário descrever o prazer que tivemos como editores e, principalmente o Márcio como autor, ao mergulharmos nessa cultura tão antiga quanto especial, como a produzida pelos filhos de Israel. Porém, este livro é dirigido a todos os que se interessem por elementos fundamentais da história do século XX, ora trazidos por meio da biografia de um homem fora do comum, e não apenas aos judeus, a cujos membros da colônia pedimos desculpas pelo excesso de informações que lhes são óbvias.

É assim dirigido, pois entendemos que há muito mais pontos a nos unir do que os que nos separam. Como disse o papa S. João Paulo II, os judeus são "nossos irmãos mais velhos".

Nossa intenção foi prestar uma homenagem a um grande homem, mas esta é também, e por intermédio da história do sr. Moshe Baruch, uma homenagem ao povo hebreu, aquele que fez a travessia, que ainda viaja na busca pela merecida paz e que por onde passou, em sua história, contribuiu para o engrandecimento da humanidade.

Laerte Lucas Zanetti
Editor
São Paulo, maio de 2015

Agradecimentos

É muito difícil saber por onde começar a agradecer. Vamos tentar por ordem cronológica.

À família Baruch, pela amizade, disponibilidade e, sobretudo, paciência. À Edna e ao Nessim Baruch, também pela revisão dos termos hebraicos e pela escolha do material iconográfico que integra este livro.

Ao jornalista José Eduardo Gonçalves, pelo apoio no início do projeto.

À professora Lúcia Chermont, historiadora e supervisora de atendimento e pesquisa do Arquivo Histórico Judaico Brasileiro, pela atenção e indicação da bibliografia fundamental.

Ao professor Rodrigo Gurgel por sua providencial ajuda e sincero interesse, e à nossa *copydesk*, Maria Aparecida Bessana, a Dyda, pela correção no estilo e por suas valiosas orientações e sugestões.

Ao rabino Joseph Sasson, pelo acolhimento e pela gentileza de elaborar o prefácio deste livro.

Ao professor Hermes Rodrigues Nery, pela minuciosa revisão.

À nossa família e amigos, em particular ao meu irmão Paulo Sérgio Betetto Scansani, e à Yara Passarello, esposa do Laerte, sempre nos incentivando.

Ao Wagner Minor Yoshihara, grande publicitário e incentivador desta casa e "guru" profissional do Márcio. Difícil citar nomes de amigos, com medo de nos esquecermos de algum, mas eles sabem quem são e o quanto somos gratos. De qualquer forma, o Wagner representa a todos

Finalmente, nossos agradecimentos ao biografado, sr. Moshe Baruch, pela honra que nos concedeu e pela confiança que depositou em nós ao nos escolher como seus editores e ao Márcio como autor de sua biografia.

Os editores
Laerte Lucas Zanetti
Luiz Márcio Betetto Scansani

Dedicatória

Para minha filha Anna Laura, a luz da minha vida.

Luiz Márcio Betetto Scansani,
Santo André, SP, maio de 2015

Uma palavra do biografado

Este livro é dedicado a Sally Baruch (*in memoriam*), minha esposa querida, que sonhou ver a história de minha vida publicada. Aos meus filhos, Edna e Nessim Baruch que foram em busca da realização deste sonho.

Meus agradecimentos a Laerte e Márcio que se uniram nesta trajetória e finalmente a concretizaram.

MOSHE BARUCH

São Paulo, junho de 2015

Prefácio

Os sábios dizem: do mesmo jeito que a fisionomia dos seres humanos não é igual, assim também as suas ideias e opiniões não são iguais; cada um é diferente do outro. Porém, não por isso a pessoa deve ser intolerante com o outro, pensar diferente não significa que ele é contra mim e que devo odiá-lo. Ou seja, devemos respeitar a todos, independente de origem, raça, religião ou opinião diferente da nossa.

Isso vale em relação a todos, e principalmente aos mais velhos, a quem devemos um respeito e apreço maior, pela sua idade, experiência de vida, seu conhecimento e sua tradição, valores esses raros em nossa era.

Há alguns anos, começou a frequentar a nossa sinagoga o sr. Moshe Baruch. Desde o início, já se notava que era uma pessoa muito especial. Simpático, afável, de conversa agradável e principalmente com muitas histórias para contar. Ele contava coisas diferentes, de um passado invejável, de uma vida repleta de experiências incríveis que mexiam com as emoções das pessoas, pois tratavam de eventos que todos haviam lido a respeito, e eis que vem alguém e os conta, sendo parte integral deles, tendo-os vivido como ator, de alguém que havia participado de muitos deles.

Eu pessoalmente tive um contato especial com ele, pois quase que diariamente busco-o para irmos juntos à sinagoga, e no meio do caminho, acabo escutando fatos, histórias e comentários do sr. Moshe , e com eles acabo aprendendo muito sobre a vida.

Ele realmente é uma pessoa incrível, correto, respeitoso mesmo com os mais jovens, nunca deixou de me chamar de "senhor", apesar de eu ter quase a metade de sua idade, um *gentleman.*

Todos na sinagoga apreciam a sua companhia, e hoje ele é o decano da comunidade. Mostra uma vontade grande de vir participar, apesar das limitações da idade, uma pessoa sentimental que se preocupa com o próximo, com seu povo, fazendo questão de estar em todos os eventos da comunidade, principalmente os relacionados à terra de Israel, a qual não hesita em demonstrar o afeto que sente em relação à terra dos seus ancestrais, demonstrando orgulho de ter participado da criação do Estado de Israel, de ter lutado por ele, e lamentando o fato de não poder mais retornar a esta sagrada terra. Quase que diariamente se interessa pelas notícias de Israel, se preocupando com a situação por lá, comentando a respeito, sempre emitindo opiniões sábias.

Hoje, vivemos numa sociedade um tanto materialista, que pouca importância dá aos valores morais, éticos e espirituais, principalmente no que tange ao respeito ao próximo, aos mais idosos, sendo que estes são considerados um "peso" para a sociedade e para seus familiares, não dando a eles o valor que merecem. O judaísmo ensina, e isso já consta na Bíblia, que devemos respeitar e principalmente valorizar os mais velhos, pela sua idade, pela sua experiência de vida, pelos seus ensinamentos aos mais jovens, dando a eles um lugar de destaque na comunidade, no meio da família, pois a eles é que devemos recorrer nos assuntos que exigem uma reflexão maior, um aprendizado anterior.

Há um ditado famoso no judaísmo que diz: " a construção dos jovens é destruição, e a destruição dos velhos é construção".

O sr. Moshe é um daqueles anciões que devemos apreciar e com quem devemos aprender, compartilhando de sua vivência, pois ele possui um passado formidável, de muitos eventos históricos, uma pessoa cheia de idealismo, fato raro em nossos dias, de grandes valores morais, de uma coragem incrível e uma vontade grande de viver, lutando sempre com muito afinco pelos seus objetivos, seguindo em frente apesar de todos os obstáculos que enfrentou, e não foram poucos.

Muito boa a ideia de relatar a vida deste homem, pois isso com certeza vai nos dar bons ensinamentos, principalmente aos mais jovens, ensinando-os um pouco de valores, coragem e ideais de vida. Parabéns aos editores, sr. Márcio e sr. Laerte, por nos brindarem com esta obra valiosa.

Boa leitura!

RABINO JOSEPH SASSON
São Paulo, julho de 2015

Preâmbulo

Um trem para a loucura do mundo — tomada de consciência

משה

Era a manhã de 7 de janeiro de 1940, quando os pais o levaram à estação de trens de Sófia. Do alto de seus vinte anos, de tão excitado pela nova experiência, uma experiência internacional, ele não consegue nem sequer se lembrar se chovia ou se fazia frio; afinal, em poucos instantes embarcaria no *Orient Express,* com destino a Istambul. "Provavelmente estivesse frio. Não me lembro, mas me lembro de que estava com roupas quentes; a estação de Sófia era moderna e bem coberta, mas em janeiro neva na Bulgária". Porém, recorda-se das intermináveis recomendações de sua mãe. Como boa *jewish mom*, a sra. Baruch lembrava-se de todos os detalhes para recomendar ao filho. Ao embarcá-lo, entregou-lhe um frango temperado à maneira búlgara... com mais recomendações.

Esse frango seria praticamente o pivô de um episódio-chave na história de Moshe Baruch: assim que ele embarcou, conheceu um casal de judeus-alemães, jovem, sem filhos, entre trinta e 35 anos, desesperançado. Ao deixarem a Alemanha com a intenção de chegar à Turquia, e dali à América, foram impedidos de entrar naquele país por falta de documentação. O pouco dinheiro que tinham fora consumido em alimentação e transporte até aquele impasse: há dias estavam sem pátria e sem ter para onde ir. Àquela altura já não tinham o que comer e recebiam ajuda dos passageiros do trem. Mas nenhuma ajuda seria tão importante quanto a de Moshe Baruch. Não apenas pelo alimento, que prontamente lhes ofereceu, mas pelo testemunho em seu favor, uma vez munido da documentação obtida por seu pai de cidadania turca. Até porque ele podia entrar no vagão-restaurante; eles, nem isso. Um professor americano que viajava com Moshe, Ralph Moore, testemunhou o fato.

Aquele foi um momento de rápidos entendimentos: o que ouvira a respeito das perseguições a judeus, de serem muito piores na Alemanha do que em sua Bulgária natal, tratavam-se mesmo de tenebrosas verdades. O mundo adoecia rapidamente e Moshe, com apenas vinte anos, começou ali a pensar no que fazer a respeito. Na Bulgária não se sabia direito o que se passava na Alemanha. Ouvira falar das perseguições, da *Kristallnacht*, da noite em que os nazistas queimaram os livros sagrados, que violaram os cemitérios, mas ignorava a existência de campos de concentração, das prisões arbitrárias, pois aquilo não saía nos jornais, e mesmo o que era publicado, parecia distante e exagerado. Agora começava a entender o momento histórico que estavam vivendo.

PARTE I

Infância — Bulgária

O mundo em que Moshe nasceu

משה

Moshe Baruch nasceu em Sófia, Bulgária, em 23 de setembro de 1919[1]. Sua família tinha participação ativa na comunidade judaica, que elegera e nomeara seu pai, Nessim, tanto por suas qualidades morais quanto por sua potente voz de barítono, para a função litúrgica de rabino Chazan da sinagoga central da cidade, responsável pelos cantos, cargo que manteria até dezembro de 1940. Natural da Turquia e formado no Seminário de Rodes, retornou a Istambul, onde trabalhou até 1909, mudando-se e radicando-se pouco

1 Na época, o rabino-chefe de Sófia era David ben Abraham Pipano (1851 -1925), sendo assistido (algumas fontes o citam como sucessor) por Daniel S. Zion (1883-1979). Este último, personagem curioso; converteu-se ao cristianismo e não era bem visto pela comunidade. No entanto, em conjunto com o rabino dr. Asher Hannanel (1895-1964), conseguiu evitar que oitocentos judeus fossem enviados aos campos de extermínio nazistas. Disponível em <http://www.sephardicstudies.org/bulg-rab.html>. Acesso em 02/jul/2015 e ainda em <http://www.yeshuachai.org/judeus-ortodoxos-que-creram-e-foram-perseguidos/comment-page-1/>. Acesso em 11/abr/2015.

depois em Sófia, onde a comunidade erguia sua sinagoga e elegia seu corpo clerical.

Moshe gosta do fato de carregar o nome do patriarca bíblico Moisés. Em hebraico, o nome é composto por letras de três palavras e significa: "das águas ele saiu" ou "retirado das águas". Seu nome egípcio tinha outra conotação, o sufixo "ses" indica "filho de". Por esta versão, eliminou o prefixo quando se assumiu judeu, restando em seu nome apenas Mo-ses, "filho de".

Nessim Baruch também era vizinho de Mustafá Kemal Ataturk[2], adido militar da Turquia na Bulgária pouco tempo depois da Primeira Guerra Mundial e futuro pai da abertura turca ao Ocidente. Embora na ocasião fosse muito pequeno, com a ajuda de conversas familiares, Moshe recorda-se de Mustafá Kemal: "Ele bebia, fumava, era meio mulherengo, tinha mentalidade moderna e logo ficou muito amigo de meu pai". Embora Kemal tenha ficado pouco tempo na Bulgária, ambos tornaram-se próximos: o judeu rabino Chazan de Sófia e o muçulmano coronel adido militar na Bulgária, amizade que seria muito útil para toda a família. Quando Mustafá Kemal, ou *Kemal Pasha* foi eleito o primeiro presidente da Turquia, em 29 de outubro de 1923, Nessim enviou-lhe uma carta parabenizando. Tal carta nunca teve

2 **Mustafá Kemal Ataturk** (1881-1938), cujo nome de família era Riza, sendo apelidado Kemal, que significa "perfeição", pelos resultados obtidos na Escola Militar, e Ataturk, "pai dos turcos", pelo Parlamento, em 1934. Tornou-se uma lenda militar por suas vitórias nos mais diferentes pontos do Império Otomano, em especial contra os britânicos em Galipoli, durante a Primeira Guerra Mundial. Opôs-se à capitulação aos Aliados em 1918 e liderou a Guerra de Independência da Turquia. Governou o país por 15 anos, modernizando-o da diplomacia à agricultura e aproximando-o do Ocidente.

qualquer intenção além da sincera felicidade pelo sucesso do amigo. A carta-resposta viria a ser o documento que provavelmente tenha salvado a família Baruch da deportação ou, no mínimo, dos trabalhos forçados, e certamente ajudou na obtenção de documentos, muito tempo depois.

Moshe recorda-se de Sófia com o carinho de quem sabe que, ainda que autoridades lhe negassem alguns direitos, aquela também era sua terra. Como o italiano Primo Levi[3] e o francês Marc Bloch[4] sentiam-se e entendiam-se plenamente italiano e francês, respectivamente, Moshe sabia-se búlgaro. Na época de seu nascimento, o rei da Bulgária era Ferdinand I, da Casa de Habsburgo, e seu sucessor, Boris III, enviou um representante para a inauguração da Sinagoga

---

3 **Primo Levi** (1919-1987), escritor italiano, foi um dos apenas vinte sobreviventes dos 650 judeus italianos enviados a Auschwitz. Envolvido com a Resistência, tornou-se membro dos *partigiani* em 1943. Quando capturado pelos nazistas, disse a seus captores: "Levi, Primo, cidadão italiano de *raça* hebraica", talvez em referência irônica às leis fascistas que os classificavam dessa maneira. Herdeiro de longa tradição literária italiana, foi o primeiro a narrar o horror dos campos de extermínio, em um testemunho contundente sobre o que chamou de o "mal absoluto" e de como seres humanos conseguiram preservar sua humanidade intacta em face deste mal, tema que o absorveu pelo resto de sua vida.

4 **Marc Léopold Benjamin Bloch** (1886-1944), medievalista francês, membro da Resistência, capturado e fuzilado pelos nazistas em 16 de junho de 1944. Segundo suas próprias palavras, "Eu afirmo pois, se é necessário perante a morte, que nasci judeu; que jamais sonhei em me negar esse fato, nem encontrei nenhum motivo de ser tentado a fazê-lo... Estrangeiro a todo formalismo confessional, como a toda solidariedade pretensamente racial, eu me senti durante toda a minha vida, antes de tudo e muito simplesmente, francês. Ligado à minha pátria por uma tradição familiar já longa, nutrido de sua herança espiritual e de sua história, incapaz, na verdade, de conceber uma outra onde pudesse respirar à vontade, muito a amei, e servi com todas as minhas forças... Morro como vivi, como um bom francês", citado em Le Goff, Jacques, *Uma vida para a história — Conversações com Marc Heurgon*.

Central de Sófia, o sr. Gruev. A comunidade judaica no país não era grande: cerca de 50 mil pessoas, 35 mil das quais concentradas na capital.

Recorda-se também da beleza das montanhas e do Vale das Rosas, de onde provém o óleo de rosas usado como base para vários perfumes franceses, e também dos vinhedos. Aliás, o pai de seu sogro foi proprietário de vinhedos.

Quando jovem, falava hebraico, búlgaro e *ladino*, um dialeto dos judeus da Espanha, pois sua família paterna é de origem sefardita. Ele explica que *Sfarad* significa Espanha. Sefarditas são os judeus fugidos das perseguições na Espanha e em Portugal, que se dirigiram para a Palestina ou se espalharam pela Europa. Estes foram para a França, a Itália, a Iugoslávia, a Grécia, a Turquia e para os países balcânicos, como em seu próprio caso. Os primeiros, os que foram diretamente para a Palestina, de início foram para Jerusalém, e alguns seguiram depois para o norte de Israel, onde fundaram a cidade de Safed (Tzfat).

No Colégio Americano, tomou contato e se afeiçoou ao idioma inglês. O francês, conhecia porque era muito falado em sua região; o turco por seu pai ter nascido na Turquia e o italiano aprenderia poucos anos depois, durante a Segunda Guerra Mundial. Em 1939, concluiu o colégio, mas as novas leis raciais não lhe permitiam seguir seu sonho de estudar Medicina; só permitiam que estudasse Direito, curso que ele não queria. Mais tarde compreenderia que as autoridades queriam que a Saúde estivesse em suas mãos, mas jamais entendeu porque a Justiça não requeria essa mesma postura, e como se os judeus-búlgaros não fossem... búlgaros!

Ao sair da Bulgária, aos vinte anos, Moshe Baruch falava seis idiomas; até o final da guerra, dominando o italiano, falaria sete. Também portava a cidadania turca e o testemunho de seus professores, o que lhe seria de enorme valia.

***

Quando criança, Moshe era pequeno e franzino. Periodicamente o pai o levava a uma espécie de churrascaria, um restaurante de carnes, para comer bife de fígado. Também o levava ao restaurante do sr. Jacob Behar, que fazia doces e salgados, cujo estabelecimento era um enorme sucesso, não apenas entre a comunidade judaica. Behar também fazia *burekas*, uma especialidade turca, popular na Bulgária, redonda, de massa folheada, a maior das recordações culinárias do pequeno Moshe.

Daquele tempo ele conserva também uma fobia por alturas, talvez devido a um fato acontecido na escola primária, quando tinha dez anos. Moshe não se lembra do que "aprontou", mas recorda-se bem de que, como punição, foi trancado na sala. Para escapar, tentou forçar a porta e não conseguiu. Então olhou pela janela e, considerando que dois andares não era tão alto assim, abriu a janela e pulou. Mesmo mancando, puxando a perna, foi juntar-se aos colegas. As consequências foram mais problemas com o professor e o trauma de alturas: até hoje não gosta de chegar perto de sacadas, porque tem vontade de pular.

Família — pais e irmãs

משה

Rabi Nessim Baruch, que estudara e se formara na ilha grega de Rodes, ainda era o rabino Chazan de Sófia, à época em que seu filho deixou a Bulgária.

Poucos meses depois, também ele sairia do país, deixando para trás uma grande biblioteca, da qual Moshe só recuperou um livro, em cuja página inicial estava escrito: *Hoje nasceu meu filho*. Nessim tomou essa decisão ao ser avisado pelo chefe de polícia de Sófia, o sr. Panteff, amigo de seu cunhado, de que entrariam em vigor leis de restrições a judeus, dessa vez não apenas restritivas, mas de caráter mais tenebroso do que as já existentes, implicando deslocamento para o interior e trabalhos forçados. Mesmo sendo pró-alemão, o sr. Panteff, era amigo do cunhado de Nessim e suas informações se mostraram corretas: as chamadas *Leis de Proteção da Nação* entraram em vigor em 25 de dezembro de 1940. Nessim e família tinham acabado de escapar.

Além da biblioteca, uma casa montada, uma vida inteira ficou para trás. Para a viagem, dona Douda, mãe de Moshe, preparou apenas quatro malas e foram-se para a Palestina no fim do mesmo ano em que Moshe foi para a Turquia, 1940. A família perdeu praticamente tudo, mas a antiga amizade com Ataturk mostrou-se salvadora, quase vinte anos depois, e ainda na onda da comoção por seu falecimento em 1938, abrindo-lhes as portas da Turquia e facilitando a obtenção dos documentos para a passagem à Palestina. Sendo de nacionalidade turca, já tinha documentos de trânsito pelo país.

A única que permaneceu na casa foi Victoria, uma das irmãs de Moshe, já casada, até sua família ser enviada a campos de trabalho no interior, onde atuaram na construção de estradas, e apenas por uma mistura de sorte e política não foram enviados à Alemanha. Os búlgaros alegaram que precisavam de "sua" mão de obra. Convém registrar que a perseguição na Bulgária foi bem menos agressiva do que em outras partes da Europa, segundo informa Hannah Arendt em seu *Eichmann em Jerusalém — Um relato sobre a banalidade do mal*. A Bulgária foi um dos países que mais dificultou a extradição de seus judeus e outras minorias, mas a perseguição existiu; a Bulgária não teve campos de concentração ou de extermínio, apenas de trabalho. Moshe registra que no dia em que se falou em mandar os judeus-búlgaros para campos de concentração, ainda que na época não se soubesse bem o que isso significava, sabiam que não se tratava de coisa boa; assim, aconteceram dois fatos de importância capital. O primeiro, o rei Boris III, casado com a rainha Giovanna de Savoia, filha do rei Vittorio Emmanuele III da Itália e que fora chamado à Alemanha, recusou-se terminantemente tanto a extraditar seus súditos judeus quanto a enviar tropas contra os russos, provavelmente pagando por isso com a própria vida, pois foi envenenado em agosto de 1943, no avião de volta a seu país. Embora essas sejam especulações, Moshe acredita nelas, dada sua alta probabilidade. E o segundo: os judeus-búlgaros não foram enviados a campos no exterior porque o povo búlgaro colocou-se na frente dos trens. Moshe comenta que até hoje os búlgaros têm orgulho dessa atitude e "nós, que somos judeus, sempre seremos agradecidos", referindo-se naturalmente à atitude do povo e à do rei Boris, não à burocracia governamental, aquela mesma que implantara as infames leis de matiz nazista. A mobilização popular foi comandada pela autoridade máxima da Igreja Ortodoxa na Bulgária, o patriarca Stephan. E complementa, algo entre emocionado e feliz, que houve vários exemplos desse tipo de atitude além do conhecido Oskar Schindler, como Aristides de Sousa Mendes[5], cônsul português em Bordeaux, Sempo Sugihara[6], cônsul japonês na Lituânia ou Aracy de Carvalho Moebius Guimarães Rosa[7], esposa do diplomata e escritor João Guimarães Rosa, então cônsul-adjunto do Brasil em Hamburgo, ou o próprio

5 **Aristides de Sousa Mendes** (1885-1954), Cônsul Geral de Portugal em Bordeaux, França, contrariando as ordens do governo Salazar, emitiu mais de 30 mil vistos para judeus e outras minorias; conhecido como o "Schindler português", foi homenageado postumamente pelo Yad Vashém em 1967.

6 **Chiune (Sempo) Sugihara** (1900-1986), Embaixador Japonês em Vilnius, Lituânia, serviu também na Boêmia e na Romênia. Calcula-se que tenha salvo mais de 6 mil judeus, com vistos de trânsito para os territórios japoneses, contrariando seu governo, que por mais de uma vez o advertiu. Homenageado pelo Yad Vashém um ano antes de sua morte. Curiosamente, em japonês seu nome significa "mil novas vidas".

7 **Aracy Moebius de Carvalho Guimarães Rosa** (1908-2011), durante o começo da guerra, chefe de seção de passaportes da Embaixada brasileira em Berlim, ignorava as leis de restrição e não marcava com o "J" de "judeu" os pedidos de vistos para o Brasil. Também ajudou a esconder judeus em pontos determinados nas rotas de fuga. Escapou da Embaixada quando o Brasil declarou guerra ao Eixo e casou-se

Oswaldo Aranha[8]. "Quem for a Israel, verá os nomes deles na Alameda dos Justos", destaca Moshe.

É importante mencionar que não foi o rei Boris que os comunistas desenterraram e arrastaram pelas ruas quando assumiram o poder depois da Segunda Guerra Mundial, mas seu irmão Kiril, que fora pró-nazista. E cabe ainda registrar que o povo se colocou na frente também do trem com o cortejo fúnebre de seu rei, não deixando que passasse sem lhe prestar uma justa homenagem.

***

Douda era uma espécie de apelido da mãe de Moshe, cujo nome verdadeiro, de batismo, curiosamente ele nunca soube. "Era conhecida como Douda, todos a chamavam assim e assim ficou".

Ele tinha seis irmãs, todas já falecidas, uma delas no Brasil. Três mais velhas e três mais novas. Rosa, a mais velha; Victoria, a segunda, Zelda, a terceira, Bella, a quarta, um ano mais velha que Moshe, e finalmente Nelly e Raquel, conhecida como Shelly.

Rosa faleceu em 1921, ainda na infância. Victoria, que ficara na casa de seus pais em Sófia, foi para Israel em 1948,

---

com o Cônsul-Adjunto João Guimarães Rosa no México. Conhecida como o "anjo de Hamburgo", foi homenageada pelo Yad Vashém em 1983.

8 **Oswaldo Euclides de Souza Aranha** (1894-1960), apesar de, na qualidade de Ministro das Relações Exteriores, ter demitido o então cônsul brasileiro em Marselha, Luiz Martins de Souza Dantas (1876-1954) pelo excesso de vistos emitidos em favor de judeus - ele próprio homenageado pelo Yad Vashém em 2003 -, quando chefe da delegação brasileira na recém-criada Organização das Nações Unidas, comandou a II Assembleia Geral, que aprovou o Plano de Partição da Palestina e, na prática, aprovando a criação do Estado de Israel.

na época da Independência, com o marido, uma filha e dois filhos. Nelly casou-se com um não judeu, membro da aviação sérvia, povo que durante a Segunda Guerra Mundial estava espalhado pela região, inclusive na Palestina. Casados, vieram para o Brasil em 1956 e nunca mais voltaram, falecendo aqui. A terceira irmã, Zelda, emigrou sozinha para a Palestina, na mesma época que o sr. Behar, e teve uma história curiosa: para permanecer ali, casou-se ficticiamente com um judeu do lugar, que tinha a cidadania concedida pelos britânicos, depois divorciou-se e se casou com um judeu-alemão, originário de Berlim, cuja família inteira fora morta no Holocausto. Não tiveram filhos. Bella também se casou na Palestina. Finalmente, Shelly casou-se com um judeu de origem marroquina, cuja família radicara-se havia mais de um século em Jerusalém, e passaram o resto da vida em Israel. Moshe teve apenas uma cunhada, Hanna.

Conhecendo a futura esposa

משה

Jacob Behar, conhecido como Jacques, dono do restaurante das *burekas* de doce lembrança, se tornaria sogro de Moshe. Pai de Sarah Behar, que Moshe conheceu ainda no berço e sobre quem ele diz apenas: "ela era muito pequena". A Sarah, aos oito anos de idade, ele disse: "você vai ser minha esposa".

Sally, como Sarah ficou conhecida, emigrou com a mãe, Fortunée, para a Palestina em 1933; Jacob, nascido na Bulgária, tinha ido pouco antes para a Macabíada daquele ano e se apaixonou pela terra de seus ancestrais. Apesar de ter uma vida ótima na Bulgária, enviou uma carta para a esposa, instruindo-a a vender tudo e ir encontrar-se com ele na Palestina, onde ficara clandestinamente, uma vez que o Mandato Britânico não permitia a presença de estrangeiros. Assim, Sally, com seis anos e sua irmã Hanna, com um ano, cresceram e consideravam-se sabras, pois pouco viram da Bulgária. Sua mãe, nascida em Edirne, na Turquia, e seu pai, búlgaro, usavam nomes franceses. Fortunée, em hebraico *mazal*, quer dizer sorte em francês. Tiveram mesmo sorte.

Quando a esposa de Jacques chegou à Palestina, levava o dinheiro que permitiu a Jacob comprar um terreno em Tel Aviv, onde construiria um restaurante e, no andar de cima, sua própria casa. Como o valor que Fortunée trouxera ainda não era suficiente, Jacob fazia pastéis à noite e os vendia durante o dia em um carrinho, pacientemente reconstruindo a vida. Ao lado de seu estabelecimento havia um café, localizados ambos em uma rua em que a maioria era composta por judeus-búlgaros. Em sua casa Jacques recebia todos os imigrantes, o que tirava o sossego de suas filhas. A própria Sally, que na época estudava em um colégio católico de Jerusalém, preferia ficar no convento com as freiras durante as férias.

A amizade das famílias Baruch e Behar começara antes do nascimento de Moshe Baruch, que os reencontraria, e especialmente Sally, depois da Segunda Guerra Mundial, já na futura Israel.

***

A família Baruch foi com o *Orient Express* de Istambul a Beirute, e de ônibus, de Beirute a Jerusalém, onde a essas alturas já morava sua filha Zelda. Posteriormente se mudaram para Tel Aviv, onde a fama de Nessim por sua bela voz o precedera. A colônia búlgara o chamou para ser uma espécie de "assistente social" da comunidade, mas ele nunca mais exerceu uma função litúrgica.

Na Palestina havia judeus milenares quando Nessim chegou com suas filhas, proveniente de Sófia e depois de ter passado alguns meses na Turquia. Moshe ficou em Istambul ainda por mais dois anos, ocasião em que foi preso pelas autoridades turcas.

O Colégio Americano

משה

Contando-se o período de alfabetização em hebraico, em uma escola da comunidade, mais os quatro anos de ginásio, ao atingir os treze anos, Moshe pôde se transferir para aquele que seria um dos fundamentos de toda a sua vida, o Colégio Americano de Sófia, que lhe deu mais que o idioma inglês e uma educação de primeiro nível: deu-lhe uma precisa noção de mundo.

Seu caráter e inteligência lhe permitiram desenvolver sólidas amizades, em particular com o professor Floyd Henson Black, diretor da escola até 1939 e homem de extrema elegância e cultura.

O Colégio Americano, como indica o próprio nome, tinha o costume bem americano de todo ano fazer o *The Bor* (ver ilustrações). Formado em 1939, Moshe Baruch só tornaria a ver o Colégio em Sófia em 1989, na companhia de seu filho, chamado Nessim como o avô, para um reencontro de sua turma. Havia gente de todo o mundo.

Tanto no colégio como fora dele, Moshe fez muitos amigos não judeus. Seu melhor amigo, inseparável, cujo apelido era Sasha, era búlgaro e chorou quando soube que Moshe decidira ir embora, mesmo compreendendo que, se ele não fosse, havia o risco de que o governo o mandasse para algum campo de trabalho. Sasha disse que poderia ficar quanto tempo fosse preciso em sua casa, mas Moshe teve que recusar. Dos cerca de sessenta que reencontrou e que chama de irmãos, apenas sete ou oito eram judeus. Sasha, cujo nome era Alexander, infelizmente havia falecido de câncer.

Quanto ao seu diploma, os turcos o apreenderam quando entrou no país. Nunca mais o devolveram.

Futuro profissional

משה

Sua decisão de sair da Bulgária deu-se mais em razão de um impasse quanto a seu futuro profissional do que do medo da deportação, muito embora todos soubessem que tratava-se de um risco real: há anos Moshe sonhava em um dia estudar Medicina, pensava nisso e para isso se preparava, razão pela qual não tinha um plano "B". No entanto, com a entrada em vigor das leis raciais que impediam judeus de exercerem determinadas atividades e estudarem determinadas matérias, dentre as quais a Medicina, sua paciência de rapaz de dezoito anos se esgotou, e então disse a seu pai, sem muita certeza: "Quero ir embora. Vou para os Estados Unidos". Seu pai então providenciou os documentos que, a princípio, o levariam à Turquia e, de lá, quem poderia saber?, e também o orientou quanto aos parentes que deveria procurar em Istambul.

Já não sabia mais o que queria fazer, qual rumo profissional seguir. Revoltado e um tanto desorientado, em janeiro de 1940 Moshe queria apenas sair da Bulgária e conhecer o mundo, ainda que já começasse a pensar em ajudar de alguma forma a combater aquele monstro de totalitarismo que crescia cada vez mais rapidamente. Moshe jamais teve qualquer ressentimento contra alemães: sua revolta dirigia-se aos nazistas, e o episódio com o casal no *Orient Express* concretizou esse sentimento, tornou-o uma certeza.

Mudando de mundo

משה

A indicação dos amigos do Colégio Americano seria fundamental para sua carreira durante a guerra que já eclodira. Ao apresentar-se como voluntário para o esforço de guerra, o próprio presidente do Colégio Americano, o professor Black, que em 1940 já estava em Istambul, onde parara no caminho de volta aos Estados Unidos, foi de grande gentileza, perguntando-lhe o que ele queria fazer de fato.

Deixara a Bulgária e decidira-se a procurar a Embaixada Americana porque desejava ajudar os Aliados. Nessa época os Estados Unidos ainda não estavam oficialmente na guerra, mas já trabalhavam com informações, em conjunto com os britânicos, e os contatos de Moshe eram todos americanos. Na Bulgária, não poderia ajudar, porque o país, se não era exatamente um aliado do Eixo, ao menos estava em sua esfera de influência; na Turquia também não, por esta ser neutra. Dessa forma, *Mr.* Black deu-lhe uma carta de apresentação para o *Office of War Information*, cujo escritório funcionava na Embaixada e que interceptava as radiocomunicações búlgaras, as traduzia e interpretava. Com a apresentação de seu ex-diretor tudo ficou mais fácil e obteve imediatamente a oportunidade que buscava, um sentido para sua vida. *Mr.* Black já tinha idade, deveria voltar para sua terra natal e Istambul estava em seu caminho para os Estados Unidos, mas acabou ficando mais um tempo na cidade, pois a guerra intensificava-se e seu conhecimento de geopolítica e domínio de muitos idiomas seria bem aproveitado em um escritório de informações, bem como os de outros membros do corpo docente da escola na Bulgária, como *Mr.* Moore, que viera com Moshe no *Orient Express* e *Miss* Harriette H. Steele, professora de latim. Todos ficaram ali por seus conhecimentos de idiomas e da própria Bulgária. Reencontrá-los naquelas funções não foi exatamente uma feliz coincidência, pois fora proposital, mas foi de grande ajuda.

Assim, ao chegar a Istambul, encontrou-se com representantes da escola. O professor Moore, que também deixara o Colégio Americano e fora trabalhar para a Embaixada, disse-lhe claramente que, se quisesse trabalhar para os americanos, teria que assumir um compromisso de sigilo. Moshe nunca soube com quem nem o quê o professor falou, mas imediatamente passou a trabalhar para o *Office of War Information*, sob o comando americano, como civil e com uma patente similar à de tenente. Moshe trabalhou para duas organizações, das quais falaremos adiante, e sob o comando do responsável pelo lugar onde estavam. Na Turquia eram os Estados Unidos, mesmo que oficialmente ainda não participassem da guerra.

Moshe recorda-se que na ocasião pensou: "E daí que tenho de me comprometer com sigilo? Eu não devo nada a ninguém e só quero ajudar o meu povo. Eu aceito".

Nessa época ele já dominava o idioma inglês e, a princípio, colhia informações de homens de negócios, comerciantes e militares que iam e vinham a Istambul. Também traduzia transmissões das emissoras de rádio da Bulgária, que eram gravadas em cilindros, com cera, marcadas com agulhas, e depois datilografadas, frase por frase, meticulosamente interpretadas, para, em seguida, serem traduzidas para o inglês e repassadas a seus superiores.

Ele permaneceu em Istambul praticamente até o fim de 1942, saindo apenas por causa das suspeitas que suas visitas constantes à Embaixada Americana despertavam e sua consequente prisão. Seu visto para a Palestina foi concedido em 24 horas, graças ao pedido americano, pois o Mandato Britânico na Palestina não o concedia facilmente.

Nessim Baruch, pai de Moshe Baruch e rabino Chazan da sinagoga de Sófia da época de seu nascimento até dezembro de 1940. Foto de autor desconhecido, finais da década de 40, pertencente ao arquivo da família Baruch.

Moshe e Nessim, às vésperas da saída de Moshe da Bulgária, final de 1939. Foto de autor desconhecido, pertencente ao arquivo da família.

Douda, a mãe de Moshe. Douda era seu apelido; curiosamente ele nunca soube o nome de batismo de sua mãe. Foto de autor desconhecido, pertencente ao arquivo da família.

A família inteira em foto datada aproximadamente do início de 1924: Nessim e Douda com os filhos Shelly, Nelly, Moshe, Victoria e Zelda. Foto de autor desconhecido, pertencente ao arquivo da família.

O Colégio Americano de Sófia. Foto de autor desconhecido, presente no *The Bor*, pertencente ao arquivo da família.

No *The Bor* do Colégio Americano como formando de 1939. Foto de autor desconhecido, pertencente ao arquivo da família.

Floyd H. Black - Presidente do Colégio Americano em Sófia. Foto de autor desconhecido, presente no *The Bor* e pertencente ao arquivo da família.

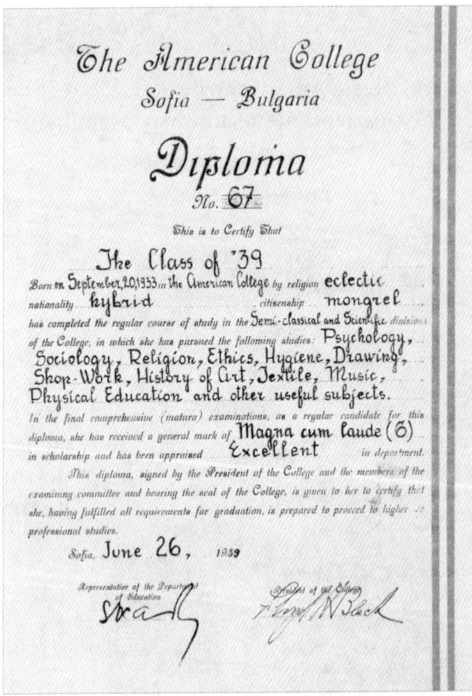

The American College
Sofia — Bulgaria

Diploma

No. 67

This is to Certify That

The Class of '39

Born on September, 20, 1933 in the American College by religion eclectic nationality hybrid citizenship mongrel has completed the regular course of study in the Semi-classical and Scientific division of the College, in which she has pursued the following studies: Psychology, Sociology, Religion, Ethics, Hygiene, Drawing, Shop-Work, History of Art, Textile, Music, Physical Education and other useful subjects.

In the final comprehensive (matura) examinations, as a regular candidate for this diploma, she has received a general mark of Magna cum laude (6) in scholarship and has been appraised Excellent in deportment.

This diploma, signed by the President of the College and the members of the examining committee and bearing the seal of the College, is given to her to certify that she, having fulfilled all requirements for graduation, is prepared to proceed to higher or professional studies.

Sofia, June 26, 1939

Representative of the Department of Education — President of the College Floyd H. Black

Diploma do Colégio Americano. Documento pertencente ao arquivo de família.

Carta de recomendação assinada pelo ex-presidente do Colégio Americano de Sófia, na época a serviço da Embaixada Americana em Istambul. Documento pertencente ao arquivo da família.

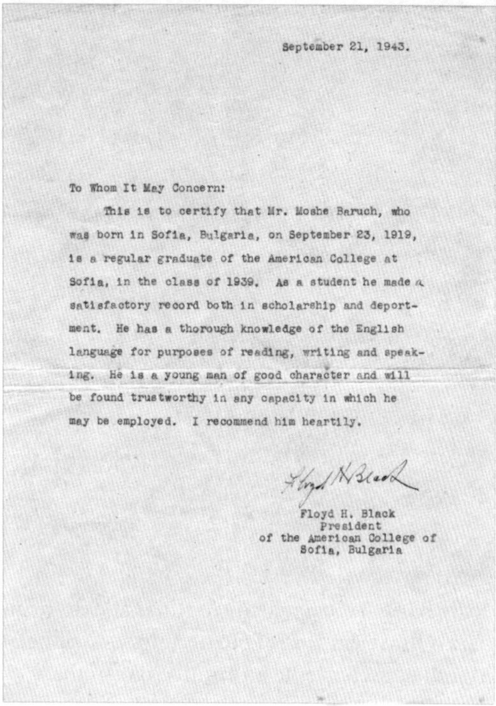

September 21, 1943.

To Whom It May Concern:

This is to certify that Mr. Moshe Baruch, who was born in Sofia, Bulgaria, on September 23, 1919, is a regular graduate of the American College at Sofia, in the class of 1939. As a student he made a satisfactory record both in scholarship and deportment. He has a thorough knowledge of the English language for purposes of reading, writing and speaking. He is a young man of good character and will be found trustworthy in any capacity in which he may be employed. I recommend him heartily.

Floyd H. Black

Floyd H. Black
President
of the American College of
Sofia, Bulgaria

Moshe e um amigo não identificado, em Sófia, às vésperas de sua partida. Foto de autor desconhecido, pertencente ao arquivo da família.

Nelly Baruch e seu marido Mathias Djekic, principais influências da vinda de Moshe para o Brasil em 1958. Foto de autor desconhecido, na Palestina, durante a 2a Guerra Mundial, pertencente ao arquivo da família.

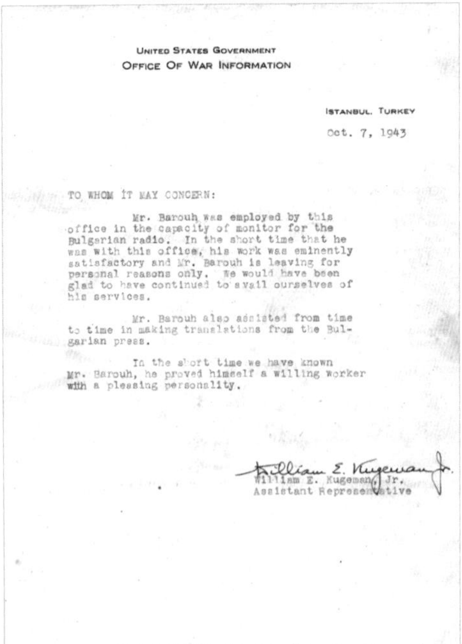

UNITED STATES GOVERNMENT
OFFICE OF WAR INFORMATION

ISTANBUL, TURKEY
Oct. 7, 1943

TO WHOM IT MAY CONCERN:

Mr. Barouh was employed by this office in the capacity of monitor for the Bulgarian radio. In the short time that he was with this office, his work was eminently satisfactory and Mr. Barouh is leaving for personal reasons only. We would have been glad to have continued to avail ourselves of his services.

Mr. Barouh also assisted from time to time in making translations from the Bulgarian press.

In the short time we have known Mr. Barouh, he proved himself a willing worker with a pleasing personality.

William E. Kugeman, Jr.
William E. Kugeman, Jr.
Assistant Representative

Atestado de serviço do *Office of War Information* americano. Documento pertencente ao arquivo da família.

Atestado de serviço para o *Psychological Warfare Branch* britânico, por ocasião da baixa das Forças Aliadas em junho de 1945. Documento pertencente ao arquivo da família.

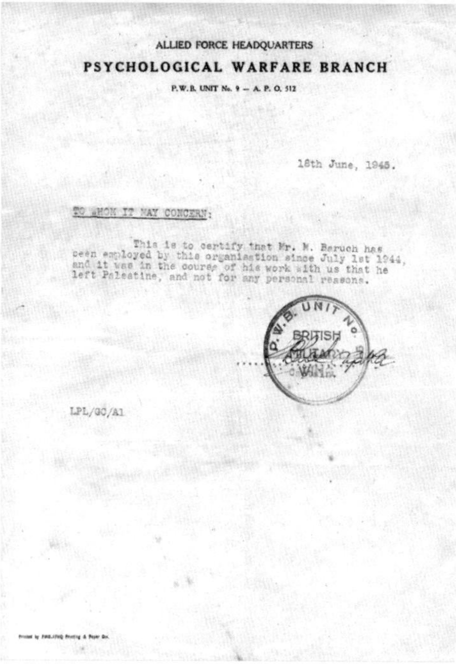

ALLIED FORCE HEADQUARTERS

PSYCHOLOGICAL WARFARE BRANCH

P.W.B. UNIT No. 9 — A. P. O. 512

18th June, 1945.

TO WHOM IT MAY CONCERN:

This is to certify that Mr. M. Baruch has been employed by this organisation since July 1st 1944, and it was in the course of his work with us that he left Palestine, and not for any personal reasons.

P.W.B. UNIT No. BRITISH MILITARY

LPL/GC/A1

No Coliseu de Roma, em dezembro de 1944, aos 25 anos. Foto de autor desconhecido, pertencente ao arquivo da família.

PARTE II

Guerras

Orient Express

משה

Ao conhecer o casal no trem, Moshe começou realmente a perceber dramas intensos em meio a pessoas comuns, dramas que significavam vidas. De alguma forma, conhecer aquelas pessoas fez com que passasse a entender que algo começava a mudar dentro de si. E a indignação voltou a crescer.

De Svilengrad, na Bulgária, a Edirne, a antiga Adrianópolis, na Turquia, o trem levava meia hora e o controle da documentação era feito durante o trajeto. As alfândegas, que controlavam a documentação nas cidades de Svilengrad e de Edirne, distavam 40 km uma da outra. Como seu destino não era Paris, o casal ficava apenas entre Svilengrad e Istambul, onde passaram mais de duas semanas praticamente sem bagagem, sem dinheiro e com higiene pessoal precária.

Com a documentação obtida por seu pai, cidadão turco, Moshe não teve problemas para chegar a Istambul, e no mesmo dia, com a ajuda de seu primo, procurou o advogado cujo contato lhe fora indicado pelo casal, que não podia recorrer a ele, um judeu-turco de cujo nome igualmente não se recorda, mas para o qual contou sua história. Eles eram alemães, mas sua origem pouco importava; tinham conseguido chegar à Bulgária, onde foram impedidos de desembarcar. Reembarcados, foram a Edirne, a primeira cidade turca, onde era feito o controle da documentação para entrada no país. Também impedidos de entrar, iam até Istambul, desembarcavam e esperavam na estação pelo mesmo trem, quando este voltava de Paris, sendo embarcados novamente à força. Esse trem fazia a viagem Paris--Istambul três vezes por semana. Eles já tinham o visto para entrar nos Estados Unidos, mas faltava o visto de trânsito pela Turquia, e também não podiam descer na Bulgária.

Primeiro Moshe falou com o advogado por telefone e, em seguida, encontrou-o pessoalmente, quando lhe contou tudo o que sabia. Agindo rapidamente, o advogado conseguiu o visto por intermédio de um funcionário da Embaixada Americana em Istambul, antes mesmo que o próprio Moshe fosse até lá procurar seus amigos da Escola Americana, dada a prioridade do caso. Dois dias depois, o casal foi autorizado a desembarcar na Turquia, onde o advogado os esperava na estação, munido de todos os documentos necessários.

Quatro dias depois, Moshe os encontrou na rua, em companhia do advogado. Sabendo que fora Moshe quem o acionara, e sem mais delongas, logo estavam todos se abraçando e chorando: o casal, o advogado, Moshe, seu primo, todos entendendo o que se passara e cientes do que aquilo significava. Nesse momento, ele se lembrou da passagem do Talmud: "*Quem salva uma vida, salva o mundo inteiro*", e compreendeu o que havia feito. E decidiu-se: procuraria a Embaixada Americana com o firme propósito de ajudar onde fosse útil.

Turquia

משה

No fim de 1940, Nessim Baruch e a família também deixaram a Bulgária com destino à Palestina, passando um curto período em Istambul com o filho, ocasião em que moraram em uma pensão. Nessim não mais podia exercer a função de rabino Chazan, pois já existia um em cada sinagoga da cidade. Os documentos de trânsito pela Turquia foram obtidos por Zelda, que pedira a intercessão do Grão Rabinato de Jerusalém junto às autoridades britânicas, e eles seguiram viagem.

Em Istambul, Moshe morava com um primo, casado e sem filhos, em um prédio de quatro andares, num bairro que não era considerado um gueto, mas que concentrava grande número de judeus, chamado Galatar, muito perto da única linha de bonde que subia da cidade baixa à alta, onde ficava a Embaixada Americana.

Sobre suas atividades com informações, Moshe afirma que não fez nada que prejudicasse os turcos ou a Turquia, que era neutra, mas que a sua ação era contra os nazistas e isso é tudo. Todo o seu trabalho consistia em sistematicamente obter informações que seriam usadas contra eles. Por ser visto entrando e saindo da Embaixada, várias vezes ao dia, as suspeitas de espionagem caíram sobre ele.

***

Em junho de 1943, ele já estava em Tel Aviv, mas o trabalho de sua equipe continuou em Istambul. Deveria servir em Jerusalém, mas ali ainda não havia o serviço no qual se especializara. Esse trabalho era executado à noite, com um receptor de rádio, com o qual entrava em contato com agentes ingleses ou norte-americanos atrás do *front*, em território inimigo. Nessas alturas, já não se tratava mais de captar transmissões radiofônicas, mas mensagens políticas e militares. Na Bulgária, a maioria desses agentes estava nas montanhas.

***

A Bulgária participava da guerra contra os Aliados, mas quando a Alemanha pediu para os búlgaros que enviassem tropas contra os russos, o Eixo a perdeu. Foram os russos que libertaram a Bulgária dos 500 longos anos de submissão aos turcos otomanos. Quando a Rússia declarou guerra aos otomanos, um dos resultados de sua vitória foi a libertação da Bulgária.

Em 1943 a situação se tornaria ainda pior. O rei Boris III, no trono desde 1918 e querido por seu povo, foi assassinado pelos alemães, quando voltava a Sófia, proveniente da Alemanha, em 28 de agosto daquele ano. Isso aconteceu porque ele se recusou a mandar tropas búlgaras contra os russos, fato somado às várias desavenças com as práticas nazistas incentivadas por seu governo, muitas à sua revelia. Mas, segundo Moshe, a Bulgária não podia mandar tropas contra os russos; o búlgaro nunca esqueceu do bem que lhes fizeram em 1878[9]. Moshe lembra que os otomanos chegaram até Viena em 1683, e só daí começaram a retroceder, embora só tenham saído da Bulgária em 1878, graças à intervenção russa. "O fato é que os búlgaros, um povo simples, jamais esqueceu que foram os russos que os libertaram, isso era conhecido nas ruas" — diz ele — com uma ponta de emoção.

> *O rei sabia que não mandaria as tropas, recusou-se e foi morto. Muito bem. Como foi usada essa informação? Quando passei as notas para o departamento de inteligência e as expliquei, eles prepararam* outra *informação que foi panfletada na Bulgária. Os panfletos contavam uma piada: Hitler precisou de uma transfusão de sangue e ele falou com os italianos. O Duce respondeu que "chega, meus italianos já morreram lá na Rússia, não tenho mais italianos para dar". Os húngaros também se negaram. Os búlgaros, que eram a favor da Alemanha, disseram: "Do que você precisa? De sangue? Claro, vamos dar! De quanto sangue precisa? Mas vocês conhecem a lei: para fazer uma transfusão, é* preciso *fazer exames. E o que deu? O sangue saiu vermelho: comunistas!", então não deu para usar o sangue búlgaro. E isso funcionou. Na primeira batalha que*

9 A libertação da Bulgária dos turcos otomanos foi uma das consequências diretas da vitória russa na Guerra Russo-Turca de 1877-78, unificando as províncias búlgaras no caos que se seguiu ao conflito.

houve entre o Exército búlgaro e os alemães, os búlgaros tiveram o apoio de generais russos.

Na verdade, mesmo com o rei e o governo sendo coagidos, o rei não cedeu. O povo não ficou sabendo do assassinato; foi informado que o rei chegara doente e, dias depois, morrera. A verdade eles souberam muito tempo depois, mas, nesse ínterim, a guerra já tinha tomado outro rumo. Os comunistas conseguiram derrubar a monarquia depois da guerra, instituindo um regime de terror nos moldes da URSS. Moshe não voltaria à sua terra natal senão cinquenta anos depois, para o cinquentenário de sua formatura no Colégio Americano.

De qualquer maneira, o fascismo contava com certa força na Bulgária enquanto a Alemanha estava vencendo. Mas a recusa búlgara de enviar tropas contra os russos aconteceu na mesma época do início da derrota alemã, e também coincidiu com a ascensão dos comunistas, que começaram a ganhar corpo e importância, como parte da resistência.

Moshe se recorda de que nessa mesma época os Aliados, sabendo da recusa do rei Boris e de sua morte, tentando fazer com que o novo governo enviasse soldados para apoiar o Exército Vermelho, elaboraram panfletos e os lançaram sobre as maiores cidades búlgaras, e aproveita para concluir com grande carinho que foi o povo búlgaro que não permitiu que se tocasse nos "seus" judeus.

Em Israel ele faria mais amigos vindos da Bulgária, que lhe contaram que, depois de presos e embarcados em trens, viram a população búlgara se colocar na frente da composição, para que não fossem deportados. O irmão do rei queria deportá-los, mas foi morto pelos próprios búlgaros, e Moshe crê que esse tenha sido o motivo. O apoio aos judeus veio do interior, pois em Sófia começaram a aparecer grupos de jovens antissemitas de inspiração nazista. Um desses grupos chegou a arrombar uma loja de um comerciante judeu, mas quando voltou a atacar o bairro judeu, estavam sendo esperados e eles levaram uma surra memorável, só sendo salvos pela chegada da polícia. Na verdade, esses eram apenas arruaceiros aproveitando um certo "modismo", pois a maioria da população era amiga.

***

De sua família direta, todos escaparam do Holocausto, mas em um contexto maior, a família não teve a mesma sorte: por exemplo, da família de sua tia paterna, Sultana Alcabez, que residia na Grécia, restou apenas um único primo, Joseph "Pepo" Alcabez. Quando todos foram deportados, ele conseguiu saltar do trem, quando este passou pela Bulgária, escondendo-se nas montanhas e, mais tarde, juntando-se à resistência. Hoje, ele mora em Israel.

***

Durante a guerra, em Istambul, e a serviço dos americanos, Moshe Baruch também fornecia dados ao *Political Intelligence Department*, o serviço de informações inglês. Por recomendação da Embaixada Americana, trabalhava em trajes civis por uma questão de discrição. Guarda até hoje as cartas de recomendação do Colégio Americano de Sófia que apresentou às Forças Aliadas.

A Turquia manteve-se neutra na Segunda Guerra Mundial e os turcos não queriam envolvimento, pois assim ganhavam de ambos os lados, mas Istambul fervilhava de espiões de todas as orientações. Segundo ele, na Turquia *não se sentia* a guerra, mas sentia-se a tensão. De qualquer modo, ele a acompanhava pelos jornais, soubera do afundamento do *Graf Speer* pela Royal Navy, em Montevidéu, do afundamento do *Hood*, orgulho da frota britânica, e da caçada ao *Bismarck*. Nos últimos meses em Istambul, Moshe acompanhou com bastante interesse o bombardeio à refinaria romena de Ploesti, pois soubera em tempo real dos B-24 *Liberators* americanos, que partiam de bases aliadas no Egito e que não poderiam sobrevoar a cidade por respeitarem a neutralidade turca.

O certo é que, pelo trabalho da equipe da qual fazia parte, os Aliados souberam que os búlgaros estavam embarcando produtos para a Alemanha, razão pela qual os ingleses mandaram seus aviões bombardear a Bulgária. Sófia foi poupada — acredita ele — novamente por causa do trabalho de sua antiga equipe na Turquia, pois a essa altura ele já estava na Itália.

Moshe era instruído a informar que trabalhava com traduções, nada de espionagem, apenas informações corriqueiras, mas à medida que a guerra progredia, sua rotina passou a ser notada pelas autoridades turcas. Por pouco tempo, ele deveria falar com empresários, intelectuais e, eventualmente, com militares que chegavam à cidade, mas, comprovada sua capacidade, passou a trabalhar diretamente com informações mais complexas. Essa atividade o fazia frequentar com assiduidade a Embaixada, o que levantou suspeitas, razão que o levou a ser preso, depois de correr vários riscos. Interrogado por três dias, respondia sempre a mesma coisa: trabalhava com traduções e nada mais. As suspeitas eram bem fundamentadas, mas na ausência de provas, o testemunho de seus professores foi fundamental. Ainda que não tenha sido agredido fisicamente, saiu fragilizado psicologicamente - todos conhecem a fama das prisões turcas. Moshe relata que eles não toleravam envolvimentos políticos. Convocado, o professor Moore confirmou o depoimento de Moshe e ele foi liberado, mas ficou claro que ele precisava ser retirado dali. O que preocupou a seus superiores é que essa prisão deu-se à saída da Embaixada.

Assim, os norte-americanos conseguiram com os ingleses um visto de entrada para Moshe na Palestina, lhe forneceram também uma carta de recomendação e organizaram sua saída, o que não era permitido, ainda que já houvesse o precedente, sua própria família, mesmo que isso tivesse acontecido mais de um ano antes, em tempos mais amenos. Segundo Moshe, seus superiores foram extremamente corretos e organizados, inclusive no que dizia respeito a seus honorários, pagos integralmente, sem qualquer questionamento.

Palestina — Serviço de Informações Britânico

משה

Moshe nasceu praticamente no fim da Primeira Guerra Mundial, quando a Transjordânia, atual Jordânia, *era parte* do território palestino. No fim da grande guerra, os ingleses conseguiram expulsar os turcos otomanos da região e a prometeram a um governo próprio, transjordaniano, assim como conquistaram a simpatia dos governantes da Arábia Saudita, prometendo-lhes também um grande império.

Quando foi deslocado para a Palestina, tomou novamente o *Orient Express*, no sentido Paris-Istambul. Ao chegar, pôde verificar que a organização e eficiência dos norte-americanos e britânicos realmente era invejável: em Aleppo, na Síria, já havia um carro americano esperando-o, que o levou diretamente a Jerusalém, sem qualquer problema com os ingleses. Em poucas horas pisou pela primeira vez na terra de seus ancestrais.

Moshe Baruch chegou à Palestina na metade de 1943, proveniente da Turquia, e lá ficou esperando mais de um mês pelos próximos deslocamentos. Estava novamente com seus pais, que tinham imigrado para Tel Aviv em 1941. Ficou na Palestina todo esse tempo sem fazer nada, mas pelo menos estava com sua família.

Por fim, chegou a ordem para se apresentar em Jerusalém, para saber para onde iria, sob novo comando. O serviço de informações britânico, o *Psychological Warfare Branch* o enviaria para dois lugares. O primeiro destino seria o norte da África, onde ficaria baseado no Cairo. Ali ficou por dez dias recebendo sem fazer praticamente nada, porque o tinham enviado antes do tempo: a estação de recepção ainda não estava montada, não havia receptores, rádio, máquinas de escrever, nada. Considerada a capacidade de organização britânica e a intensidade dos combates no norte da África, entendeu que aquele atraso fora mesmo causado por circunstâncias de guerra, mas o fato é que ele não tinha o que fazer. Assim, com tempo livre e num calor insuportável, passava seus dias no Cine Metro do Cairo, que era o único lugar onde o ar condicionado funcionava. Também conheceu as pirâmides, mas nem ligou muito, pois por nunca foi de se impressionar com monumentos antigos — até Sally o considerava esquisito por isso, pois ela adorava.

Passados os dez dias, vieram buscá-lo e o colocaram em um avião de paraquedistas com outras vinte pessoas, sem que ninguém soubesse para onde iriam. Ele não fazia perguntas: com 22 anos, para ele tudo era curiosidade e aventura. Aterrissaram em Bengazi, na Líbia, para uma escala de reabastecimento. Depois sobrevoaram o Mediterrâneo e desceram em Malta, para novo reabastecimento. De ambas, ele só conheceu o aeroporto. Abastecimento concluído, decolaram novamente e, no fim da tarde, estavam em Bari, Itália. Ali seria seu novo posto, outra vez a serviço dos norte-americanos do *Office of War Information*, sob o comando do 5º Exército do general Mark Clark — os Estados Unidos já estavam na guerra. Seu trabalho seria rigorosamente o mesmo: recepção, tradução e interpretação de informações. Quando chegou, imediatamente percebeu que o calor também era insuportável e ele agradeceu aos céus por seu trabalho ser feito à noite.

Itália — Serviço de Informações Americano

משה

Ao desembarcar, já havia carros esperando a equipe, que o levaram diretamente para um *albergo*. Nesse tempo, ainda usava o passaporte turco, obtido por seu pai. Moshe chegou à Itália no mesmo ano em que os italianos se livraram de Mussolini, que, depois de uma fuga rocambolesca pelos Alpes, fora capturado e executado pelos *partigiani* e ficou dois anos na Itália, apaixonou-se por sua gente e por sua cultura. Ele se lembra com muito bom humor de que "em dois anos você precisa ser burro para não aprender o idioma, morando com italianos, lendo jornais italianos...", só que ele o aprendeu em muito pouco tempo. Baseado em Bari, não demorou muito para os dias de *albergo* ficarem para trás: tendo liberdade para morar fora das casernas, alugou um quarto de uma família italiana chamada Albani, que o recebeu muito bem, pois o valor de seu aluguel ajudava nas finanças, algo importantíssimo num país arrasado, mas que depois passou a tratá-lo como a um filho. Outra família de amigos, os Toda, não o deixavam comer fora, um compromisso praticamente religioso aos domingos — foi quando ele adquiriu o hábito de comer macarrão, com aquela sequência interminável de molhos. Ele mesmo faz macarrão aos domingos até hoje. Em 1944, já estava completamente adaptado ao lugar, tendo até uma "família", a Albani.

Moshe apaixonou-se pela Itália, tendo tempo para conhecer a região sul. Ele se lembra perfeitamente de Sorrento pelo cheiro de laranjas, das árvores em todos os lugares, e diz que chegou a cogitar viver em Salerno, com a família, muitos anos depois, apesar de saber que a maior concentração da colônia judaica estava no norte do país.

***

Seu trabalho em Istambul já evoluíra da interceptação das transmissões radiofônicas para as mensagens de guerra, políticas e militares. Essa parte não dera muito certo na Turquia, porque começou a levantar suspeitas das autoridades turcas. Quando foi preso, esse fato levantou o alerta vermelho para seus superiores, e isso, somado à realidade de que a operação já não estar funcionando a contento, fez com que o enviassem provisoriamente para a Palestina. Nova tentativa no Cairo, nova frustração, até porque da parte técnica ele não entendia nada: mesmo que tivesse os equipamentos, isso de nada adiantaria se não fosse possível montá-los, e mesmo assim, ficaram só na promessa, pois ele fora retirado de lá antes que os equipamentos chegassem.

Essa operação só renderia todo seu potencial em solo italiano. Moshe foi para lá semanas depois da invasão do país pelas forças aliadas. Baseado em Bari, um porto do Adriático que, por ser voltado para a Albânia, a Iugoslávia e a Bulgária, reunia condições de recepção mais claras, pois não haviam obstáculos naturais para atrapalhar. A central de operações era fora da cidade, funcionava em uma floresta muito bonita, em uma *villa* de italianos ricos, requisitada pelos americanos, aos quais os italianos não se atreveram a dizer não.

Ali montaram os receptores em todos os idiomas da região. Bulgária, Albânia, Romênia, Hungria, Sérvia, Montenegro, Macedônia, os três últimos integrantes do que então era a Iugoslávia. Moshe era o único da Bulgária, havia um rapaz da Romênia, outro da Hungria etc. Seu trabalho, como de costume, era à noite, quando havia silêncio e as recepções eram muito claras. Sua função era receber as transmissões codificadas enviadas por agentes norte-americanos e ingleses infiltrados atrás das linhas alemãs, e mesmo de agentes búlgaros, numa jornada que se iniciava à meia noite e ia até as cinco da manhã, recebendo e gravando as informações. Quando seu turno terminava, às 5 horas, ia para o apartamento onde morava, dormia até o meio-dia, depois ia à cantina do Exército para almoçar e voltava à rádio para trabalhar na interpretação, transcrição em búlgaro e tradução para o inglês, o que lhe tomava aproximadamente três horas, e em seguida encaminhava todo esse material para um departamento especial, cujo trabalho era selecionar as informações relevantes e elaborar sua utilização devidamente preparada para o uso pelo pessoal de contra-informação.

Não apenas pelo aspecto objetivo, ele esmerava-se para ser o mais eficiente possível também por respeito aos agentes infiltrados, pois sabia dos riscos que corriam. As ordens para esses agentes eram transmitidas pelo processo inverso.

***

Aos 23 anos, da guerra real, apenas escutara os barulhos das bombas. Foi na Itália que, por duas vezes, pôde presenciá-la e experimentar a sensação de medo. Na pior delas, a primeira, em um dos bombardeios alemães das 7 horas da manhã, estava de serviço nesse dia e não quis entrar no abrigo. Com essa idade, sentia-se um grande herói e quis desafiar o perigo. Mas, de repente, sentiu que algo caiu ao seu lado. Nesse momento, se deu conta que aquilo era realmente muito perigoso e saiu correndo para o abrigo. Mais tarde foi verificar o que era: um projétil antiaéreo americano caíra bem ao seu lado, sem explodir.

De certa forma, havia até uma certa monotonia naqueles dias. Diariamente, às 7 horas da manhã os aviões alemães provenientes da Grécia e da ex-Iugoslávia, bombardeavam o porto de Bari - os alemães eram mesmo pontuais. Eram ataques diários. Como não morava perto do porto, Moshe não se preocupava tanto, até o dia em que essa rotina foi quebrada. Ele se lembra com exatidão que estava em casa descansando e uma explosão o arrancou da cama e o jogou no chão, destruindo a porta e todas as vidraças. Avaliando que seria um ataque aéreo, imediatamente verificou se a família que o hospedava estava bem e saiu correndo para sua base. Já na rua, notou que começara a chover, mas aquela era uma chuva diferente, era preta: "chovia" petróleo. Ao chegar ao quartel, esbaforido, o médico lhe perguntou se estava bem, se não estava ferido, mas nada lhe acontecera. Nesse momento soube que houvera uma explosão perto do porto de Bari. Era uma ação de sabotagem feita por agentes alemães infiltrados, que esperaram o meio-dia para acionar suas bombas, quando os operários começavam a sair para o horário de almoço. Em cinco minutos quase dez mil pessoas tinham morrido. Metade do porto e dois navios, um inglês e outro americano, um deles um petroleiro, foram pelos ares.

***

Nenhum dos membros da equipe gostava de dizer que era um trabalho de espionagem. Era trabalho de informação, de inteligência. Depois de filtradas e preparadas, eis como as informações eram usadas:

> *Eu pegava a informação "Essa semana as viagens de trem de Sófia para Varna (uma praia do mar Negro) serão interrompidas durante três horas por dia para manutenção". Para mim isso era informação que eu traduzia e passava completamente limpa. Agora, como era utilizado pelo receptor, já em inglês, era bem diferente: ele preparava um relatório de contrainformação que seria impressa em folhetos que seriam jogados de avião e ficava assim: "A linha de trem de Sófia para Varna foi bombardeada pelas Forças Aliadas e está completamente destruída em tal e tal lugar". O povo que via isso em um folheto, achava que os Aliados estavam a caminho, isso lhes dava esperança. A ideia era que com essas informações, o povo se levantasse mais depressa contra os alemães. Por isso o escritório se chamava* Allied Psychological Warfare Branch.

Todos que trabalhavam ali usavam roupas civis, exceto em ocasiões oficiais, quando lhes era solicitado que vestissem seus uniformes cáqui, mas eram bastante simples, não tinham sequer boinas.

Quanto ao salário, Moshe praticamente não precisava de dinheiro. Do que recebia, ficava com apenas 20% para pagar seu aluguel e outras poucas despesas. O resto, enviava para seu pai, na Palestina. Tanto ingleses quanto americanos foram de uma correção exemplar. Os ingleses chegaram ao cúmulo de rever suas contas do período em que os serviu na Turquia e enviar-lhe um cheque com a uma diferença que ele desconhecia, seis meses depois do fim da guerra.

De volta à terra de seus ancestrais

משה

Terminada a guerra, ainda na Itália, ofereceram-lhe um trabalho civil, no *United Nations Rescue Refugee Organization*, de Viena, uma organização que cuidava dos refugiados que chegavam de toda a Europa. O trabalho consistiria em identificar a procedência das pessoas, avaliar se existia alguma condição de repatriá-las e organizar seu retorno ao país de origem. Boa parte delas era formada por sobreviventes de campos de extermínio ou de trabalhos forçados nazistas, o que dificultava o trabalho, pois antes de mais nada, elas precisavam recuperar a saúde. Havia também muitos comunistas espanhóis, que lutaram pela URSS e que estiveram presos na Alemanha e na Áustria. Ele já sabia alguma coisa das atrocidades que os comunistas haviam cometido na Guerra Civil Espanhola e não queria envolvimento com eles[10].

10 Os comunistas espanhóis, chamados "republicanos", tiveram o suporte de agentes soviéticos durante a Guerra Civil Espanhola, primeiro propondo uma frente ampla contra os que classificavam como os golpistas, depois adotando

Assim, ele preferiu voltar à Palestina e ao convívio de sua família, até porque o escritório da UNRO era em Viena e ele temia não se sentir bem onde o nazismo fora eliminado tão recentemente. Para ele, aquilo era missão, trabalho e também aventura. Estava já com 26 anos e, terminada a guerra, considerou que seria mais útil na Palestina. E, além do mais, Sally estava lá.

Embarcou para o Cairo e seguiu para Tel Aviv de trem, onde a encontrou pouco depois.

Sua irmã Nelly, que mais tarde emigraria para o Brasil, adorava jogar baralho, e para isso se encontrava com amigos búlgaros. Ela conhecia bem os pais de Sally, mantiveram a amizade com eles, e depois o reapresentaram à menina, e Moshe completa que "Isso era o que tinha de ser. Eu nem me lembro como foi. Visitei a casa dos pais dela, vi uma foto (ela gostava que eu contasse todos os detalhes), ela usava tranças, estava na escola". O lugar onde os pais de ambos moravam era um tipo de colônia búlgara, onde todos se conheciam.

Já Nessim Baruch, deixara a Bulgária onze meses depois do filho. Ao passar pela Turquia, lhe perguntaram porque ficara tanto tempo fora do país, para onde ia e o que pretendia; nem ligaram para o fato de ser um homem de mais de cinquenta anos, um líder religioso. No momento da travessia da Turquia foi que se viu a verdadeira importância e utilidade do documento que o então recém-falecido presidente turco lhe enviara, a resposta à carta de congratulações de Nessim por sua eleição a tão elevado cargo. Até hoje Kemal Pasha é adorado na Turquia.

uma política de eliminação de anarquistas, socialistas e, com particular crueldade, religiosos em geral.

De todos que foram para a Palestina, seu pai "casou todo mundo", mas infelizmente não teve o prazer de celebrar o casamento do filho porque faleceu em 1947, e Moshe e Sally se casaram em 1948. Ele também não viu o Estado de Israel nascer, pois faleceu poucos meses antes da votação da ONU que o tornaria realidade, mas ficou sabendo do que estava se falando e acompanhou a evolução do caso. Moshe conforma-se que o pai não tenha tido a alegria de ver Israel nascer porque "isso faz parte da vida", mas guardou uma ponta de tristeza.

PARTE III

Israel

Juntando-se ao Haganá

משה

Ir para a Palestina como imigrante naquela época significava conhecer, antes de mais nada, o conceito de *kibutz*[11], para onde iam os recém-chegados e para onde Moshe foi encaminhado ao chegar, em 1945.

Quando deu baixa das Forças Aliadas, sua primeira preocupação foi onde trabalharia. Detestava a simples ideia de se tornar um "parasita". Tinha vários amigos na Palestina, já em atividades profissionais. Moshe diz que quem também teve essa iniciativa depois da guerra, ainda que não se

11 ***Kibutz***, espécie de fazenda coletiva, diferente da ideia ocidental de cooperativa, surgiu para abastecer o sonhado Estado sionista de produtos rurais. Teve origem na antiguidade, mas ganhou força por ser uma combinação dos conceitos socialistas e sionistas, tão em voga no início do século XX; porém, preferimos classificá-la como comunal, pois trata-se de uma associação voluntária e a própria palavra provém de *kvutza*, "grupo". Os *kibutzim*, no plural, acabaram produzindo mais que seu propósito original agrícola: produziram líderes políticos e intelectuais e se destacaram na construção da identidade nacional israelense.

conhecessem na época foi Moshe Dayan[12], cuja família estava ligada à Agência Judaica, que futuramente constituiria a base do governo israelense, formando muitos ministros de Estado. Dayan foi quem inicialmente organizou a parte militar do exército.

A vida em um *kibutz* começava às 4 horas; às 6 horas se levantavam os responsáveis pela ordenha das vacas. Moshe se levantava com eles. Diz que "hoje um *kibutz* é uma empresa moderna, tem de tudo, mas na época a vida era muito especial, muito dura, era preciso amá-la para ser membro de um *kibutz*, onde até casamentos aconteciam. A mulher dava à luz, imediatamente lhe forneciam creches e a mãe ficava com a criança muito pouco tempo". Seja como for, apesar de a vida ser muito pesada, ele se orgulha de produtos como os sistemas de gotejamento e equipamentos para aproveitamento de energias eólica e solar, hoje disseminados pelo mundo terem sido inventados em *kibutz*. Perguntando-se porque tudo aquilo tinha que ser inventado em Israel, como parte desse mesmo raciocínio, indaga porquê há tantos prêmios Nobel concedidos a judeus, ao que ele mesmo não arrisca uma resposta, mas apenas um palpite: a necessidade.

Sua permanência em um *kibutz*, porém, foi curta, pois

12 **Moshe Dayan** (1915-1981), general e grande estrategista, nasceu no *kibutz* Degania Alef, o mais antigo de Israel. Sua carreira militar iniciou quando se juntou ao embrião do Haganá. Foi preso pelos britânicos em 1939 e, quando libertado, passou a lutar a favor dos mesmos britânicos, sob o comando de Orde Wingate e com os Franceses Livres contra a França de Vichy, na Síria e no Líbano. Comandou a região de Jerusalém durante a Guerra da Independência, planejou e executou a Campanha do Suez e foi um dos grandes responsáveis pelas vitórias na Guerra dos Seis Dias de 1967e na Guerra do Yom Kippur de 1973, como Ministro da Defesa. Apesar da enorme popularidade, ele mesmo pedia que a imprensa "parasse com as histórias de heroísmo". Também foi arqueólogo amador.

em pouco tempo foi incorporado ao Haganá, não apenas por sua lealdade, mas também por sua experiência militar com informações. Nessa época, Israel estava praticamente dividida em três forças. O *Haganá*, palavra que significa "defesa", era a base do Exército, *Tzva Haganá Le Israel*, Exército de Defesa de Israel[13] e o único que Moshe reconhecia como legítimo. O *Palmach*, que já existia e viria a ser o corpo de elite do Haganá, fora organizado e inspirado pelo General Wingate, ainda antes da fundação do país. Mesmo seus uniformes eram quase idênticos aos ingleses.

Rejeitou o *Irgun*[14] (*Irgun Tzva Leumi*, ou Organização Militar Nacional) por sua postura radical de não querer nenhum entendimento com os ingleses. Se Moshe já não gostava da atitude provocativa do Irgun, reprovou-o definitivamente quando do atentado de 1948 ao Hotel King David, de Jerusalém, o mais luxuoso da região, onde funcionava o quartel-general do governador britânico. Morreram muitos ingleses e Moshe, já cansado de guerra, considerou aquilo bárbaro e inútil.

Sua rejeição era ainda mais veemente ao *Stern Gang*[15]

---

13 **Haganá** — inicialmente uma milícia sionista formada por volta de 1920, baseada em outras organizações e destinada a princípio a proteger os cidadãos das revoltas árabes na Palestina, na ocasião da Segunda Guerra Mundial teve parte incorporada às forças britânicas de Orde Wingate, daí surgindo a Brigada Judaica. Durante a Guerra da Independência suas atividades praticamente se concentraram em proteger civis israelenses, seja fisicamente, seja garantindo o abastecimento das cidades, já como Exército oficial do novo país.

14 ***Irgun*** — organização que nasceu em 1931 de uma dissidência do Haganá e que, apesar do nome, era paramilitar; a partir de 1936 se tornaria mais radical, chegando a perpetrar atos de terrorismo; em 1948 voltaria a se integrar ao Exército e alguns de seus membros formaram o Partido Herut, base do atual Partido Likud.

15 ***Lehi*** ou ***Stern Gang*** — se o Irgun era uma dissidência do Haganá, a Stern era, ela própria uma dissidência do Irgun e levava o nome de seu fundador, Abraham Stern. Ultrarradical, foi proibida pelo governo constituído em 1948.

(literalmente, *Lehi — Lohamei Herut Israel*, ou Lutadores Para a Liberdade de Israel), pequeno e ultrarradical, que procurava os ingleses e, se fosse possível, os matava. A maior parte da população era contra o Stern. O Haganá era maior e mais bem organizado, mas Moshe identificou-se mesmo com os ideais de Ben Gurion[16] e Moshe Sharett [17], que *eram* o Haganá. Mesmo não sendo uma organização oficial, pouco tempo depois de sua chegada em 1945, Moshe passou a fazer parte dessa força.

16 **David Ben Gurion** (1886-1973), primeiro chefe de governo de Israel, como primeiro-ministro, cargo que exerceu por duas vezes, nasceu em Plonsk, na Polônia, e seu nome de batismo era David Grun. Foi um idealista e bem cedo aderiu aos movimentos sionista e socialista, encorajando os judeus europeus a emigrarem para a Palestina. Pragmático e estrategista político, soube manobrar e negociar para evitar atritos com os britânicos e com a ONU, que poderiam adiar ou influenciar negativamente a Resolução 181, referente ao Plano de Partilha da Palestina, ao mesmo tempo em que fortalecia o Haganá, até então clandestino. Considerado um dos maiores estadistas do século XX, desde que assumiu o poder, cada ato seu teve um objetivo político voltado à nação israelense.

17 **Moshe Sharett** (1894-1965), nascido Moshe Shertock em Kershon, atual Ucrânia, foi o segundo primeiro-ministro de Israel, entre os dois mandatos de Ben Gurion. Sua família emigrou para a Palestina em 1906 e esteve entre os fundadores de Tel Aviv. Líder sionista e figura fundamental na formação do Estado de Israel, bem cedo juntou-se ao grupo que posteriormente se tornaria o Partido Mapai, de tendência socialista; estudou Direito em Istambul e Economia na London School of Economics, editou jornais e também comandou a seção política da Agência Judaica.

Reencontro, casamento e filhos

משה

De volta à Palestina, em 1945, Moshe reencontrou-se com sua família e com a família Behar. A amizade mantivera--se e, milagrosamente, ambas haviam escapado do Holocausto. Na verdade, não se tratou de um milagre: curiosamente, todos se salvaram devido ao amor de Jacques Behar por sua terra ancestral: ele fora uma das influências para Nessim Baruch também emigrar para a Palestina, o que fez sete anos depois, em 1940. Jacques havia montado o restaurante do qual já mencionamos em Tel Aviv, exatamente a um quarteirão da nova casa de Nessim Baruch.

Moshe reencontrou-se com Sally depois de doze anos. Ela, aos dezoito, ainda frequentava a escola *St. Joseph*, em Jerusalém, onde convivia com muitas meninas judias. Ela tinha uma tendência a se tornar freira, gostava muito do que ouvia das irmãs e recordava-se de que "era exatamente a mesma mensagem que cresci ouvindo no judaísmo".

***

A tensão e as turbulências iniciadas em 1945 entre árabes e judeus cresceram rápida e inexoravelmente. Ambas as famílias, Behar e Baruch, moravam em Tel Aviv, cidade gêmea a Jaffa, do lado árabe. Chateado, Moshe explica que "até a formação do Estado de Israel, Jaffa era Jaffa, Tel Aviv era Tel Aviv e nos dávamos bem. Depois, até mudaram o nome da rua que faz a divisa entre as cidades." Tel Aviv é uma cidade moderna, de ruas largas, planejada, e ao contrário do que dizem, "Jaffa não era uma favela: o conhecimento dos judeus vindos da Europa ensinou aos moradores de Jaffa a consumir produtos modernos e construir cidades modernas".

Por volta de 1947, as tensões se agravaram novamente. Moshe conta que "bastava anoitecer e o concerto começava, não havia noite em que não se ouvissem tiros de ambos os lados." Quase de repente, o local se tornou muito perigoso. O Haganá, ainda não oficialmente o exército, pois a rigor nem o próprio país existia, mas já cumprindo essa função, ocupava as casas da divisa e dali cuidavam para que ninguém se infiltrasse, e o mesmo acontecia do outro lado.

Essa situação causou à família de Sally mais um problema: Hanna já não podia ficar em Jerusalém, que a essa altura era uma cidade mista. Árabes e judeus moravam juntos e ninguém poderia prever o que aconteceria, pois ela era uma *tomboy*. "Sabe o que é uma *tomboy*? Uma menina que é um moleque". As freiras diziam que ela pegava sua bicicleta e fazia o que tinha de fazer, visitava livrarias e museus, sem se preocupar com segurança, como se nada estivesse acontecendo. Assim, as próprias freiras pediram que Jacques tirasse a menina da escola, preocupadas com sua segurança. Dessa maneira, ela teve que voltar para Tel Aviv e, como havia barreiras, tiraram-na dali usando um pequeno avião.

Nessa época Sally secretariava um advogado, o dr. Clement Lallo. Moshe e Sally ficaram noivos no dia em que Oswaldo Aranha comandou a votação favorável à formação do Estado de Israel, 29 de novembro de 1947. Nesse mesmo dia, em meio à festa do povo judeu, eclodiram as turbulências entre as cidades-gêmeas, Jaffa e Tel Aviv, resultado de uma situação que vinha se agravando nos últimos anos. Um mês depois, ambos foram convocados a servir no Ministério da Fazenda, ela como civil, ele como militar.

No início, ele trabalhava com roupas civis. Até se formar o Exército, não tinham nem farda. Meses depois, com o treinamento em pleno vigor, já tinham o uniforme. Quando executavam missões de escolta, e as fizeram várias vezes, eram um grupo de doze pessoas, revezando-se em oito por missão. Moshe acredita que quatro ainda estejam vivos. Especializaram-se em acompanhamentos com dois jipes com quatro soldados em cada um. Quando foi convocado, trabalhou por dois anos, até o momento em que o governo decidiu que não precisava mais daquele serviço.

Casaram-se em 25 de janeiro de 1948, e logo em seguida, em 15 de fevereiro, ele foi mobilizado, aos 28 anos, e enviado ao campo de treinamento *Kiryat Meir*, o primeiro de Israel, perto de Tel Aviv. O campo para onde iam todos os que chegavam: ainda não existia país, mas já existiam campos de treinamento clandestinos. As autoridades levaram em consideração quem atuou na Segunda Guerra Mundial, tanto o pessoal da Brigada Judaica, um corpo do 8º Exército Britânico recrutado na Palestina, quanto de outros serviços, como o próprio Moshe. Formaram os diversos núcleos, alguns para Infantaria, Aeronáutica, Marinha; formaram grupos para as mais diversas áreas, praticamente todas ao mesmo tempo. Moshe foi escalado para o Departamento de

Informações, integrante da Polícia Militar. O treinamento era próprio para o serviço de segurança. A convocação de Sally foi para um departamento da Secretaria das Finanças.

Fundação do Estado de Israel

משה

Entre 1946 e 1947 a região foi dividida em duas partes, para árabes e judeus, por determinação da Resolução 181 da Assembleia Geral da ONU. Antes mesmo de se declarar independente, em 14 de maio de 1948, o país já era Israel. O nome *Israel* foi escolhido, entre outros, pelo próprio Ben Gurion. Alguns queriam Judeia, outros optavam por outros nomes menos cotados, mas Moshe desde sempre concordava com Ben Gurion: tinha de ser Israel.

Havia uma polêmica a respeito da chamada "partilha"; se a Declaração Balfour[18] dizia que a Palestina seria um Estado judeu, se seria árabe, se seria dividida, e os ingleses se mostravam alheios. Quem dirigia o *Colonial Department*,

18 **Declaração Balfour** — documento de apoio do governo de Sua Majestade o rei George V ao movimento sionista político iniciado por Theodor Herzl (1860 -1904), emitido em 02 de novembro de 1917. Disponível em <http://www.dw.de/1917-apoio-brit%C3%A2nico-ao-movimento-sionista/a-365813>. Acesso em 11/abr/2015.

anti-Israel, não aceitava a Declaração Balfour, mesmo que o conservador Winston Churchill[19] e outros políticos fossem favoráveis a se fazer alguma coisa a respeito do apoio ao povo judeu, até porque a tragédia do Holocausto já era de conhecimento mundial. "Temos que fazer alguma coisa pra esse povo ter uma Pátria", era a ordem do dia, diz Moshe. E "se isso tivesse sido feito dez anos antes, os efeitos do Holocausto seriam bem menores", completa.

O caso foi debatido na ONU, e a Inglaterra teria de se render à sua decisão. Todo o mundo palpitava sobre a partilha. Os interesses do governo inglês, à época chefiado pelo trabalhista Clement Atlee[20], eram contra os judeus e a favor dos árabes. A ONU enviou uma comissão de onze diplomatas comandada pelo guatemalteco Jorge García-Granados, cujo trabalho intensivo resultou no complicadíssimo mapa da partilha da Terra Santa entre judeus e árabes, como ele próprio narrou em seu livro *Assim nasceu Israel.*

Não por acaso, a Guatemala foi o primeiro país a reco-

---

19 **Sir Winston Leonard Spencer Churchill** (1874-1965), de origem nobre, exerceu várias funções no governo britânico até ser eleito primeiro-ministro pelo Partido Conservador em 1940, em meio à crise da eclosão da Segunda Guerra Mundial, quando sucedeu a Neville Chamberlain, o que, na prática, salvou a Grã-Bretanha, pois seu antecessor não tinha espírito guerreiro; exerceu o cargo por duas ocasiões e foi um dos maiores estadistas do século XX. Foi também jornalista, tendo coberto várias guerras e como historiador e escritor, recebeu o Prêmio Nobel de Literatura de 1953.

20 **Clement Richard Atlee** (1883-1967), sucedeu a Churchill no cargo de primeiro-ministro, eleito pelo Partido Trabalhista, rival do Partido Conservador daquele, mesmo o tendo apoiado durante a Segunda Guerra Mundial. Teve o mérito de iniciar a reconstrução britânica e durante seu governo se iniciou o processo de descolonização.

nhecer a existência do novo Estado, e García-Granados, seu primeiro embaixador.

***

Dessa maneira, em 14 de maio de 1948, oficialmente nasceu Israel. Foi uma data escolhida politicamente: era fim do Mandato Britânico[21].

> *Graças a D'us, foi um presente estar mobilizado e estar naquela sala para ver aquele evento histórico. Não tenho vergonha de dizer que chorei muito naquele dia, chorei como todos que estavam presentes, como gente na rua... Esperamos 2 mil anos para ter um país. Hoje, um judeu de qualquer lugar do mundo pode calmamente dizer: "Vocês não gostam de mim? Tenho para onde ir." As palavras de Ben Gurion foram: "A partir deste dia, qualquer judeu de qualquer lugar do mundo tem um lar".*

E Moshe vai mais longe: houve uma certa tensão no ar durante todo o dia 14 de maio. O governador inglês partiu à meia-noite desse dia, e na tarde seguinte, Ben Gurion fez a famosa declaração. Seu grupo de segurança inteiro estava ali, preparado para qualquer eventualidade. Moshe enfatiza essa "qualquer eventualidade". Ele e seu grupo completo estavam em frente à mesa de Ben Gurion e dos demais membros do primeiro governo, ao longo da parede oposta. No total, eram cerca de quinhentas pessoas. A impressão indelével em sua

21 **Mandato Britânico na Palestina** — comissão legal para administração das terras ocupadas pelo antigo Império Otomano, no particular caso englobando toda a Palestina e Transjordânia, emitido pela Liga das Nações em 1922 e em vigor até 1948.

memória, de Ben Gurion dirigindo-se aos árabes: "Eu me volto para os nossos irmãos árabes: fiquem! Não temos intenção de prejudicar ninguém. Faremos um grande país".[22]

***

Na Palestina, nos últimos dias do Mandato Britânico, havia um bloqueio, impedindo qualquer navio de entrar. Os imigrantes ilegais eram levados para Chipre. Havia muitos campos, milhares de pessoas ficaram à mercê dos acontecimentos em Israel; ou melhor, do que aconteceria *com* Israel. Do momento em que se decidiu favoravelmente à formação do Estado de Israel, o novo governo e muitos particulares alugaram barcos de bandeiras variadas para imediatamente buscar essas pessoas. Moshe fala de amigos que estiveram nesses campos por dois e até três anos.

Um país com 600 mil habitantes, em poucos meses ultrapassou os 2 milhões. Já era um país de verdade, uma realidade. Moshe recorda-se de ter convivido com gente de várias nacionalidades: ingleses, alemães, sul-africanos, americanos. A Polônia, que outrora teve uma população de quase 4 milhões de judeus, dos quais poucos restaram, também estava representada.

Em 1948, estando mobilizado há pouco tempo, Moshe foi convidado a fazer cursos para o oficialato, mas queria voltar à vida civil. Ficou no Exército apenas enquanto achou que poderia ser útil. Jamais se arrependeu por ter servido; ao contrário, tem imenso orgulho, mas guarda um lugar

22 Discurso de Ben Gurion, disponível em <http://taglit.online.com.br/independence.html>. Acesso em 11/abr/2015.

especial entre suas lembranças mais caras ao fato de ter estado presente à declaração da fundação do Estado de Israel. Crê e afirma que cada um dos que entendam o que representou aquele momento sabem porque se chora até hoje ao ver filmes e fotografias.

Na época da Partilha, o povo árabe não tinha problemas com o povo judeu, mas as lideranças árabes, a partir de 1948, passaram a criar entraves, praticamente impedindo a boa convivência.

Segurança de Ben Gurion

משה

Na prática, o Haganá já era o Exército Israelense, mas oficialmente esse nome só veio a ser adotado depois de 15 de maio de 1948. Até então o nome utilizado era *Tzaal*, ou *Tzavá Haganá Le Israel*, que significa Exército de Defesa de Israel. Ou seja, o mesmo nome, com abreviação diferente.

Os membros do Exército receberam seu uniforme de cor cáqui, quepes e jaquetas praticamente idênticos aos uniformes britânicos. Moshe começou seu treinamento militar em 1948, em um campo próximo a Tel Aviv, a princípio só a parte física. Levantavam-se às 5 horas para as corridas e demais exercícios militares, primeiro sem armas e posteriormente com armas precárias. As primeiras que receberam eram fabricadas em oficinas em Israel, eram simples e chamadas *standgun*, um tipo de metralhadora de mão, curta e leve. Como ele já fazia parte do grupamento, automaticamente foi incorporado ao Exército Israelense: finalmente, o Haganá. Mais tarde esteve em treinamento em um campo próximo ao aeroporto de Lod, atual Ben Gurion.

Em função de sua experiência com os britânicos e norte-americanos, foi designado para o serviço de informações. Foi treinado também para a segurança de ícones da história recente de Israel: Ben Gurion, Moshe Sharett, Golda Meir etc. Nas fotos da época praticamente não se vê armas, pois os ingleses ainda estavam no país e, evidentemente, ostentar armas era ilegal.

Ele se recorda de que no começo da Guerra da Independência choviam bombas árabes, mas aleatoriamente, sem sistema de direção: bombas "burras", mas que causavam pânico. Eles respondiam ao fogo, enquanto os civis desciam para os abrigos.

Durante o treinamento, seu pavor por alturas se revelou bem pior do que ele pensava: no treinamento para sargento, havia uma torre alta, com uma corda amarrada a outra torre, do outro lado de um rio. Eles tinham que escalá-la e atravessar o rio, a trinta metros de altura, pendurados a um gancho. Era semelhante ao rapel, e era chamado de ômega, por causa do formato do gancho, que lembrava a letra grega. Superou o problema simplesmente não olhando para baixo...

Um dos grandes orgulhos de Moshe Baruch é ter feito parte do grupo escolhido para a segurança de *lady* Wingate, durante sua visita, logo após a Independência. Viúva de Orde Wingate[23], o grande incentivador da formação de um exército de defesa, que forneceu meios aos judeus para se

---

23 **Orde Wingate** (1903-1944), militar britânico, criador das Forças Especiais de combate no Oriente Médio e no extremo Oriente durante a Segunda Guerra Mundial. Organizou o Haganá e seus subgrupos e deu-lhes caráter realmente militar. Uma dessas forças seria o Palmach, uma unidade de elite. De formação familiar cristã, seu posicionamento pró-sionismo veio da visão profética bíblica que previa a redenção do povo judeu, e trabalhou pela realização de *Eretz Israel* como ideal.

organizar em um exército e criou o *Palmach*, o grupo de elite do Exército. Por seu comportamento pró-sionista, foi deslocado para a então Birmânia, no sudeste asiático, atual território entre a Tailândia e Mianmar, para a luta contra os japoneses. No comando de um corpo do Exército Britânico chamado *Gurka*, composto por *chindits*, mistura de soldados britânicos e das colônias, conta Moshe que ele imprimiu um ritmo tão alucinante à luta na floresta que surpreendeu os japoneses. Orde Wingate faleceu em Burma, onde seu avião caiu em 1944. Em Israel, *Burma Road*, ou *Kvish Burma*, uma das estradas que conduzem a Jerusalém, foi batizada em sua honra. Ben Gurion recebeu *lady* Wingate e o grupo de Moshe Baruch, já promovido a sargento, foi seu corpo de segurança. De cada missão participavam oito dos doze que compunham o grupo, e a acompanharam durante uma semana. Ele a descreve como uma verdadeira *lady*, uma mulher espetacular.

***

Certa vez seu grupo foi designado para acompanhar Ben Gurion a Jerusalém, justamente pela estrada que viria a ser batizada de *Burma Road*. No caminho havia a fortaleza inglesa na cidade de Latrun, entre Rechovot e Ramlah. Essa fortaleza controlava o asfalto que subia para Jerusalém, isolando-a. Fora vendida aos judeus, mas entregue aos árabes, que passaram a dominar a estrada que subia para a velha cidade.

O coronel David Daniel Marcus (1901-1948) foi nomeado comandante de Jerusalém por Ben Gurion e fez muito para melhorar a situação local. Moshe o conheceu e conta que era um homem de enorme capacidade, mas que lamentavelmente, em uma noite após o cessar-fogo, ao voltar para o acampamento, o coronel Marcus esqueceu-se da senha e foi morto pela sentinela, um jovem soldado do Palmach de apenas dezoito anos. Na verdade, sendo americano, Marcus não conhecia muito bem o idioma hebraico falado na Palestina, confundiu-se e acabou sendo alvejado. Seu corpo foi levado para o Hospital Hadassah, em Tel Aviv, para os preparativos fúnebres, e enviado aos Estados Unidos. Moshe Baruch fez parte da guarda de honra que velou o corpo, impedindo a entrada de qualquer estranho. Após dois dias, foi levado em um caminhão do Exército para um aeroporto secreto perto de Rechovot e ali aguardaram até a noite, quando foi embarcado em um quadrimotor com destino aos Estados Unidos a pedido da família. Moshe Dayan o acompanhou até lá, mas não permaneceu por muito tempo, pois a situação em Israel exigia sua presença. Marcus foi sepultado no cemitério dos oficiais em Arlington.

Voltando ao caso da entrega da fortaleza de Latrun aos árabes, Moshe conta: "Mas atacamos. Perdemos quinhentos soldados nesse ataque. Infelizmente foram jovens patriotas, que vieram de fora, sem nenhum treinamento, com armamento precário". Quem defendia a fortaleza de Latrun era, ironicamente, outro general inglês, Glubb Pasha[24], que se tornou comandante da Legião Árabe. Wingate, simpatizante dos judeus, anos antes aconselhara o Haganá de Ben Gurion a não esperar ser atacado, mas tomar a iniciativa. Indispôs-se com seus superiores ingleses, principalmente com os colonialistas porque, enquanto ele organizava o Haganá e o Palmach, os judeus começaram a seguir sua

24 **John Bagot Glubb**, conhecido como Glubb Pasha (1897-1986), general britânico que comandou a Legião Árabe transjordaniana de 1939 a 1956.

orientação e passaram a executar ataques preventivos, identificando e localizando o inimigo antes que fossem atacados. Dessa forma, os civis podiam dormir sossegados. Wingate era um militar excêntrico e brilhante, e é admirado até hoje em Israel.

Não se passaram muitos dias para que a inteligência judaica descobrisse, com a ajuda de informações contidas na Bíblia e de outras, obtidas de pastores árabes, um desvio que passava fora de Latrun. Conta-se que a confirmação dessa informação foi obtida de dois soldados israelenses que haviam escapado de Jerusalém em um jipe do Haganá para visitar suas namoradas em Tel Aviv. Assim, montaram uma estrada feita de telas de aço, unidas como malhas, para levar os caminhões e furar o bloqueio árabe, até o Exército estar mais bem organizado e, meses depois, efetuar um novo ataque, dessa vez com sucesso: a fortaleza de Latrun estava finalmente na posse dos judeus.

***

Havia na região outro campo de treino britânico, chamado Sarafand, o maior de todo o Oriente Médio, que fora vendido aos judeus na mesma ocasião que Latrun. Por causa da experiência de Latrun, ocorrida alguns dias antes, às vésperas da data marcada para a entrega de Sarafand, temerosos que os ingleses pudessem entregá-lo aos árabes como já o tinham feito com a fortaleza, os judeus atacaram-no de surpresa e com tal eficiência que os árabes nem conseguiram chegar aos portões.

***

Posteriormente iriam acompanhar Ben Gurion novamente a Jerusalém, em visita muito mais agradável e misteriosa. Um adido militar, o também Coronel do Exército chamado Argov o convocou, dizendo para estar pontualmente à meia-noite na casa de Ben Gurion — atualmente um museu —, com seu grupo. Cumprindo a ordem, viu que o Coronel Argov já estava ali, com outros membros do governo, e o avisou que acompanhariam Ben Gurion e sua esposa a Jerusalém. Ele não conseguiu nem imaginar de que jeito aquilo seria feito, pois a estrada ainda estava bloqueada — ainda não tinham tomado Latrun -, mas se o coronel estava dizendo que haveria militares no local para ajudá-los...

Saíram pouco depois, quatro soldados no primeiro jipe, quatro no segundo, a limusine de Ben Gurion entre eles. Chegaram a Sarafand em segurança, e a partir de Rechovot mandaram apagar os faróis.

Moshe abre um parênteses para dar um exemplo do bom humor de Ben Gurion: que nesse campo, tomado alguns dias antes, no momento em que passaram por ele, alguns soldados tomavam banho em chuveiros improvisados e sem paredes. A esposa de Ben Gurion exclamou: "Eles estão nus!", ao que ele respondeu "E você queria que eles tomassem banho vestidos"?

Dali seguiram as telas de aço por quilômetros, com os faróis apagados por segurança. Em alguns trechos, tinham de descer e acompanhar a limusine, dois em cada lado, pois os jipes têm tração 4x4, mas o automóvel não, e um eventual resgate dos passageiros seria mais eficiente dessa maneira. Silenciosamente subiram e desceram pelas montanhas da Judeia, e de repente, quase de surpresa, viram o asfalto da estrada que subia para Jerusalém. De Latrun era muito difícil ver a cidade, diz ele; uma vez entrando na estrada, com cobertura de árvores de ambos os lados, o perigo já era muito menor, e puderam acender os faróis. Assim, o alívio foi geral: o coronel Argov estava certo.

Atrás deles vieram caminhões com suprimentos, pois Jerusalém ainda não tinha abastecimento regular. Ele se lembra de seu amigo Shery Alcalay lhe perguntando, já em Jerusalém, se trouxera cigarros: na época Moshe fumava três maços por dia. Tinha um pacote, que deu ao amigo, que não tinha nenhum.

Ao chegarem a Jerusalém, por volta das 2 horas, deixaram Ben Gurion em casa e foram instalar-se no campo militar. No dia seguinte, levaram-no ao Parlamento, que funcionava em salões emprestados pela Agência Judaica, pois ainda não existiam os prédios do governo.

Não sabiam quanto tempo ficariam. No dia seguinte deveriam mandá-los de volta ao acampamento, porque Ben Gurion queria ficar e visitar uma livraria, mas eles insistiram em acompanhá-lo e acabaram ficando. Ele não queria ir de carro, tiveram de ir a pé, mas tomando o cuidado de colocá-lo discretamente entre quatro soldados, os jipes atrás com outros quatro. Eles temiam atentados, dadas as diferenças entre os próprios grupos judaicos. Gurion era amigo dos livros, tinha um quarto cheio deles. Moshe conta que, indo à livraria, andava como um rapaz de 18 anos, enquanto eles, discretamente, olhavam para todos os lados; ao chegar, todos queriam falar com ele, e o corpo de segurança torcendo para que não chegasse mais ninguém. Ao encontrar os dois livros que procurava, parecia uma criança, de tão feliz.

Durante o dia, Ben Gurion deu-lhe dinheiro, dizendo: "Pegue os meninos, vão para um restaurante comer, mas não levem nada para o acampamento, lá ainda não tem comida". Tudo era contado: uma ração por pessoa.

Para situar essa passagem no contexto histórico, essa foi a época do afundamento do *Altalena*, navio que trazia suprimentos e equipamentos bélicos para o *Irgun* de Menahen Begin continuar sua guerra contra os ingleses, em 12 de junho de 1948. Ben Gurion mandou afundá-lo, depois de acaloradas discussões, porque sustentava que essa guerra era desnecessária e desviava o foco das reais necessidades. Quanto a seu corpo de segurança, temia que algum grupo radical entre os próprios judeus tentasse matá-lo, a razão do temor durante a visita à livraria veio desse caso. Sobre o episódio do *Altalena*, Moshe recorda-se:

> *Eu estava na praia, vendo o navio, naturalmente sem armamento, nem em frente ao canhão eu estava, mas sabíamos o que estava acontecendo: não podíamos ter dois exércitos. Menahen Begin com seu* Irgun Tsvai *queria dominar a situação, e Ben Gurion não admitia a separação. Disse que existe só um Exército, o Haganá. O Irgun não pode ser um exército separado, terá que se organizar e obedecer ao comando central do Haganá. No fim, acabaram se integrando. Até os mais radicais da organização Stern, conhecida como* Stern Gang, *acabaram se integrando.*

O caso *Altalena* foi chocante[25]. Já na época estimava-se que morreram mais de 150 pessoas. A realidade é que foi o *Altalena* que abriu fogo contra os soldados na praia, matando nove pessoas, de acordo com Moshe Dayan. Nesse momento, para Ben Gurion, não havia alternativa senão o uso da força;

25 Afundamento do Altalena, disponível em <http://veja.abril.com.br/blog/reinaldo/geral/e-deste-navio-voces-se-lembram/>. Acesso em 23/abr/2015.

assim, emitiu a ordem de afundá-lo, e ele foi alvejado com morteiros, pois estava relativamente próximo da praia, encalhado perto de outro navio, afundado pelos ingleses, meses antes. Moshe afirma que a ideia de Ben Gurion era de que a guerra contra os ingleses estava acabada, mas a guerra mais importante estava apenas começando. Especulava-se o paradeiro de Menahen Begin, se estaria no navio ou não, mas ninguém sabia porque ele vivia escondido. Na verdade ele estava lá mesmo, incitando o povo contra o recém-empossado governo.

***

Nessa ocasião também passaram pela Agência Judaica, onde algum tempo antes, Moshe conhecera o próprio Moshe Dayan, àquelas alturas já com boa fama de guerreiro.

Alguns meses depois, Moshe Baruch teve um entrevero com Moshe Dayan, que comandava a Divisão 89, composta por "patriotas, mas não dos mais comportados". Depois de receber uma denúncia sobre distúrbios em uma cantina militar, fora encarregado de prender os dois brigões. Durante a confusão para deter os rapazes, chegou o chefe deles, o próprio Moshe Dayan, mandando soltar "seus meninos". "Não tenho autoridade; tenho ordens de prendê-los", respondeu Moshe, o Baruch. "Solte-os já", retrucou Moshe, o Dayan, e finalizando, em tom de terminantemente *não*, Baruch disse: "O senhor é meu superior, mas cumpro ordens de meu superior direto e vou levá-los. Se o senhor quiser, faça o favor de falar com ele, não comigo. E explique o por quê".

Ele conta o episódio com a calma dos sábios, mas podemos imaginar que as coisas foram um tanto mais quentes...

O caso teria terminado aí não fosse o encontro, meses depois, na presença de um Ben Gurion bem-humorado perguntando: "De Moshe para Moshe, o que aconteceu?", ao ver ambos se cumprimentando, de maneira fria, na Agência Judaica. Dayan contou, mas sem reprimendas e Baruch resume:

> *Deu-me apenas um tapa nas costas. Era um homem de uma capacidade e inteligência invejáveis, foi voluntário contra os ingleses. Foi na fronteira da Síria com o Líbano que perdeu um olho,* [território da] *França de Vichy. Seu grupo tinha ordens de não deixar explodir uma ponte, ele com um binóculo, e um franco-atirador o acertou no binóculo, que vazou seu olho esquerdo. Ele tentou usar um olho artificial, mas não se acostumou e preferiu o tapa-olho pelo resto da vida. Foi comandante-em-chefe de Jerusalém, depois de Israel, ministro da Defesa e das Relações Exteriores. Tornou-se arqueólogo amador, mas até a morte foi venerado pelos militares e respeitado pelo mundo inteiro. Eu também o respeitava muito, já naquela época.*
>
> *Contava-se uma história a seu respeito na década de 70: os norte-americanos estavam com problemas no Vietnã, então o presidente Lyndon Johnson pediu ao primeiro-ministro da época (Levi Eshkol) o General Dayan emprestado. Ele teria respondido que queria em troca três generais americanos: o General Motors, o General Electric e o General Foods.*

***

De Ben Gurion, Moshe recorda-se como um sábio: quando julgou que seu papel estava cumprido, retirou-se da vida pública para o *kibutz* Sdei Boker, onde faleceu aos 87 anos e foi sepultado. Não quis ser levado a Jerusalém. "Este simples gesto ajudou a abrir o Negev para o povo. O Negev[26] era um deserto, hoje praticamente não é mais. Muitas pessoas mudaram-se para lá, colonizaram-no, levando água do Mediterrâneo, dessalinizando e irrigando a terra, onde desenvolveram agricultura de ponta. Esse homem passou a vida pública inteira realmente pensando e agindo por seu povo".

26 A própria palavra que dá nome ao lugar, *negev*, significa "deserto".

Baixa / Vida civil

משה

Pouco depois da Guerra de Independência, por volta de 1950, e considerando que já fizera sua parte como militar para a consolidação do Estado de Israel, resolveu contribuir de outra maneira, como civil. Montou uma livraria em Tel Aviv, que ficou sob a responsabilidade de Sally e ele foi trabalhar na Embaixada Americana, administrando o restaurante.

A livraria ficava na mesma praça onde, em novembro de 1995, Yitzhak Rabin foi assassinado, e hoje leva seu nome. O nome da praça era *Kikar Malchei Israel*, praça dos Reis de Israel.

Também trabalhou por pouco tempo na Socony Vacuum, concorrente da Shell e da British Petroleum, quando Israel já estava formada como nação.

Mas não veria a paz por muito tempo. Foi novamente convocado por ocasião da Guerra do Suez, em 1956. Moshe cita novamente o caso do *Altalena* para ilustrar que os israelenses, aliados dos ingleses e franceses contra os egípcios de Nasser[27], que, com suporte soviético, haviam nacionalizado e fechado o canal, afundaram um navio americano por falta de alternativas. O entendimento entre Israel, França e Grã-Bretanha consistiu em impedir o fechamento do Canal de Suez. Franceses e ingleses, com poucos efetivos, foram batidos, mas Israel, não. Os norte-americanos pediram ao governo israelense que cessasse o fogo porque mandariam seus navios, mas não houve acordo. Consequência: um navio americano foi afundado por aviões israelenses. Fontes oficiais disseram que foi um engano, mas Moshe considera que a complicada situação que resultou no inadvertido afundamento foi simplesmente resultado de uma tática contra os russos, que apoiavam o Egito, uma ameaça que não deu os resultados previstos. Os pilotos israelenses foram treinados exaustivamente para o ataque preventivo; afundaram o navio, infelizmente com muitos mortos, o que remeteu sua memória, além do *Altalena*, também ao caso do *Bismarck*, que havia afundado o *Hood*, orgulho da *Royal Navy*, em 1940, ocasião em que sobreviveram apenas três tripulantes, ao que Churchill respondera simplesmente "Afundem o *Bismarck*". Ele cita o caso para exemplificar que, até por lições históricas, entendia aquilo como infelizmente necessário, e já sabia na época que Ike[28] não era propriamente simpatizante de Israel, não tanto quanto Truman[29].

---

27 **Gamal Abdel Nasser** (1918-1970), presidente do Egito de 1954 até sua morte, afastou o rei Farouk, enfraquecido pelo insucesso na Guerra de Independência de Israel. Comandou a nacionalização do Canal de Suez, o que resultou em retaliação franco-britânica na Guerra do Suez e o consequente envolvimento de Israel.

28 **Dwight D. Eisenhower**, conhecido como Ike (1890-1969), 34º presidente dos Estados Unidos, eleito pelo Partido Republicano. A partir de 1943 foi comandante supremo das Forças Aliadas na Europa, apesar da atitude contra Israel na Guerra do Suez, foi quem ordenou que se tirasse o maior número de fotos dos campos de extermínio nazistas libertados pelos americanos em 1945, prevendo que algum dia alguém negaria esse fato, dizendo que "as histórias de brutalidade nazista foram apenas propaganda", tamanho o choque e o horror que aquilo lhe causou.

29 **Harry S. Truman** (1884-1972), 33º presidente dos Estados Unidos, democra-

Perguntado sobre se todos os árabes estavam contra Israel, Moshe é enfático em dizer que a casa real jordaniana era uma exceção. O rei Abdullah I e seu neto, o rei Hussein, respectivamente bisavô e pai do atual rei Abdullah II, mantinham contatos amistosos com Golda Meir e Ben Gurion; eles queriam a paz.

Na Guerra do Suez, Moshe participou como combatente contra os *fedayeen*[30] infiltrados, em pontos-chave, como Beersheva. Conta que ficou vinte dias mobilizado, doze dos quais em patrulha pelo deserto; voltando para casa, nem seus filhos o reconheceram, magro e barbudo. No deserto, montaram guarda em uma estrada, por cima e por baixo de uma ponte, principalmente durante a noite, quando os *fedayeen* atacavam os *kibutzim*. Eles se infiltravam por baixo da estrada, sob as pontes, e era ali que os israelenses montavam guarda à noite. Já o Exército, tinha o dever de avançar, de tal maneira que, por duas vezes, chegaram ao canal de Suez. A tensão evoluiu a tal ponto que, sob a ameaça russa de enviar tropas e, na prática, correr o risco de começar a Terceira Guerra Mundial, Israel devolveu o controle do canal.

Esse período de tensão durou pouco mais de um mês, um dos mais intensos de sua vida. Lembra-se de que, durante aqueles doze dias que ficou no deserto, perdeu doze quilos. Não tinha vontade de comer, tamanha a tensão por estarem

---

ta. Herdou o poder com o falecimento de Franklin D. Roosevelt (1882-1945) e foi sucedido por Eisenhower.

30 ***Fedayeen*** — nome genérico usado para descrever militantes guerreiros. Na prática, a palavra significa "devoto" ou "mártir" e em sua origem está ligada à antiga seita do Velho da Montanha ou *hashashin*, fumadores de haxixe. A lenda medieval diz que o termo deu origem à palavra "assassino", mas isso não está historicamente comprovado, conforme afirma Bernard Lewis em seu livro *Os assassinos*.

tão expostos. A essa altura ele já era civil, mas fora remobilizado, dada a urgência da situação. Servira ao Exército Israelense por dois anos e meio, sendo considerado reservista após sua baixa. O reservista levava para sua casa seu uniforme, sua arma pessoal e uma senha grupal que, se ouvida em determinada emissora de rádio, significava que deveria se dirigir imediatamente a um determinado ponto pré-acordado. Em duas horas, todos os transportes disponíveis eram obrigados a levar os soldados até esses pontos.

Moshe Baruch já estava no Brasil durante as guerras dos Seis Dias e do *Yom Kippur*. Da primeira recorda-se que, por algum motivo inexplicável — talvez por saber que Israel destruíra as Forças Aéreas síria e egípcia ainda no solo — lamentou a insistência nos ataques a quem só queria viver em paz, mas não chegou a preocupar-se tanto.

Mas, da última, lembra-se bem da sensação de agonia que sentiu, pois foram atacados em seu dia mais sagrado, quando morreram três mil soldados. Quando conseguiram organizar o contra-ataque, em sua fuga, os egípcios deixaram até suas botas para trás. O período de ataque e contra-ataque durou praticamente uma semana. A guerra em si, durou vinte dias. Sobre essa guerra, ele diz:

> *Deixe-me contar-lhes uma coisa sobre a Guerra de 73 que pouca gente sabe: eles conseguiram atravessar a fronteira e mataram aproximadamente três mil soldados nossos. Nesse ínterim, depois do Yom Kippur, o Exército já se reorganizara e começou o contra-ataque. Em dois dias foram rechaçados para o canal, e muitos fugiram para o lado africano. Esse era o gênio de Ariel Sharon. Esse homem, na Guerra de 56, quando atravessou o canal, o fez com barcos formando pontes, amarrados, chamados* pontoons. *Quando essa guerra terminou e Israel*

teve de se retirar oficialmente, forçada por norte-americanos e russos, Sharon enterrou esses pontoons *perto do canal de Suez, cobrindo-os com areia. Com os anos, acumulou-se mais areia, formando montes, até ninguém mais se lembrar de sua existência. Mas em 73, quando Israel contra-atacou, Sharon estava na parte sul do canal, desenterrou os* pontoons, *todos atravessaram e ninguém sabia como tinham chegado do outro lado, apenas dois dias depois, a caminho do Cairo, cercando o Exército egípcio pela retaguarda. O inimigo não tinha nem pão para comer e foi Israel quem mandou caminhões com pão para alimentá-lo. O comandante deles era Anwar Sadat*[31]*, que posteriormente promoveu a paz com Israel.*

***

Com o fim da guerra, Moshe voltou à vida civil e a família permaneceu em Tel Aviv até 1958, quando começou a pensar em emigrar. Seus filhos, Edna e Nessim, nasceram antes de sua reconvocação.

No início de 1958, um irmão de sua mãe, que morava em Los Angeles, quando soube de sua intenção de sair de Israel, chegou a mandar-lhes documentos para irem para os Estados Unidos, mas prevaleceu a vontade para virem para o Brasil, onde uma irmã de Moshe, Nelly, já residia, em

31 **Muhammad Anwar al Sadat** (1918-81), sucedeu a Nasser, com quem colaborara na deposição do rei Farouk, como presidente do Egito em 1970. Derrotado na Guerra do Yom Kippur, no ano seguinte dispensou a representação soviética no Egito e conduziu negociações de paz com Israel, que culminaram em sua visita ao país em 1977 e no acordo de Camp David, nos Estados Unidos, com o então primeiro-ministro Menahen Begin, em 1979. Assassinado por membros da Jihad Islâmica Egípcia, que se opunham a tal acordo, em 1981.

Jundiaí, São Paulo. Também residia aqui um amigo seu de infância, que exerceu forte influência, embora o fator decisivo tenha sido a amizade desenvolvida com Nelson Oliveira de Tabajara, então embaixador brasileiro em Tel Aviv, que frequentava a livraria de Sally, e que gostava particularmente de livros sobre *bridge*. De livro em livro encontrado por Sally, foram se tornando próximos. Moshe lembra-se bem da embaixada brasileira, situada em uma bela alameda chamada Shderot Chen. Um dia, em uma conversa informal, Tabajara lhes perguntou "se tencionam sair de Israel, por que não vão para o Brasil?" Na época, o país não concedia vistos com facilidade, os candidatos a imigrar para cá tinham que ser indicados. A indicação de um embaixador teve peso, e eles receberam o visto. Moshe se entusiasmou, falou com Sally e a convenceu a vir. Eles pretendiam ficar alguns anos e voltar a Israel, mas esse plano nunca se concretizou. Pouco antes da viagem, Moshe recebeu duas cartas de Israel, referentes às guerras de 1948 e de 1956, atestando sua situação militar e permitindo que emigrasse. Chegaram em abril de 1958, durante o governo de Juscelino Kubitschek.

***

Outro fator decisivo para a decisão de virem para o Brasil foi o convite de um "amigo", que futuramente lhe causaria enorme decepção. Gerente da Socony Vacuum, ainda em Israel, ele convidara Moshe a assumir uma gerência da empresa. Ele trabalhou no aeroporto de Tel Aviv, fornecendo gasolina para aviões. Israel não tinha aviões próprios, também precisava de homens habilitados, pois nessa época começou a história do *flying carpet*, que trouxe os judeus negros da Etiópia, quando capitães da Trans Ocean Airlines, que eram alugados pelo governo de Israel, e três ou quatro aviões por dia vinham da Etiópia e desciam em Tel Aviv. E eles eram os únicos que poderiam ajudar porque ninguém podia saber o que estava acontecendo. Alimentavam-nos no próprio avião.

> *No avião eles quiseram acender fogo pra se esquentar! Chegaram sem sapatos, sem nada. Em todo caso, desceram, nós tivemos que ajudar até a colocar os sapatos, porque eles colocaram o direito no esquerdo e vice-versa. Não sabiam o que é sapato! Os ajudamos, os colocamos no caminhão para os* kibutzim *já determinados. Hoje estão entre os melhores elementos trabalhadores do país. Os etíopes. Os iemenitas, outros que tinham chegado muito antes, são religiosos ortodoxos, que esconderam a religião durante séculos.*

Esse amigo que o indicou para colaborar nessa missão imigrou para o Brasil alguns meses antes de Moshe e ajudou a influênciá-lo a vir.

No primeiro campo de treinamento de Israel, 1948. Foto de autor desconhecido, pertencente ao arquivo da família.

Em um moto de patrulha do Exército, meados de 1948. Foto de autor desconhecido, pertencente ao arquivo da família.

Como segurança do primeiro Parlamento de Israel, Moshe é o de uniforme à esquerda de Moshe Sharett. Foto de autor desconhecido, pertencente ao arquivo da família.

Casamento em 1948. Foto de autor desconhecido, pertencente ao arquivo da família.

Sally e Moshe, recém-casados e já mobilizados. Tel Aviv, 1948. Foto de autor desconhecido, pertencente ao arquivo da família.

Jacques Behar à porta de seu restaurante Balkan, no início da década de 50. Foto de autor desconhecido, pertencente ao arquivo da família.

Moshe e seu grupo como escolta de Mrs. Wingate, viúva de Orde Wingate, que visitou o país em 1949. Foto de autor desconhecido, pertencente ao arquivo da família.

Tel Aviv, 1957: Sally e Moshe com os filhos Edna e Nessim. Foto de autor desconhecido, pertencente ao arquivo da família.

Jacob e Fortunée Behar com os netos Edna e Nessim; 1964, em Tel Aviv. Foto de autor desconhecido, pertencente ao arquivo da família.

A livraria de Sally, na praça onde Yitzak Rabin foi assassinado e que hoje leva seu nome. Foto de autor desconhecido, pertencente ao arquivo da família.

Moshe dando aula no Yazigi, no início da década de 60. Ele foi pioneiro em ministrar aulas nas empresas de seus alunos e posteriormente iria administrar os professores que ele mesmo treinara. Foto de autor desconhecido, pertencente ao arquivo da família.

Aniversário da filha Edna, em 1960, já em São Paulo. Ela e Nessim são os dois que estão à frente. Foto de autor desconhecido, pertencente ao arquivo da família.

Sally e as crianças na Salada Paulista, tradicional lanchonete da São Paulo do início da década de 60. Foto de autoria de Moshe Baruch, pertencente ao arquivo da família.

O apartamento da rua Bela Cintra, comprado em tempo recorde graças à amizade de Moshe com o presidente da Caixa Econômica de S. Paulo, em 1967. Foto de Moshe Baruch, pertencente ao arquivo da família.

Sally Baruch no início da década de 60, em São Paulo. Foto de autor desconhecido, pertencente ao arquivo da família.

Sally e as crianças, na volta ao Brasil, em Solfataro, Napoli, Itália, em abril de 1965. Foto de autor desconhecido, pertencente ao arquivo da família.

Sally e Moshe, no início da década de 70. Foto de autor desconhecido, pertencente ao arquivo da família.

Em 1973, na comemoração de Bodas de Prata, com os filhos. Foto de autor desconhecido, pertencente ao arquivo da família.

Na Bulgária, em 1989, na comemoração dos 50 anos de sua formatura no Colégio Americano. Foto de Nessim Baruch, pertencente ao arquivo da família.

PARTE IV

Brasil

Primeiras experiências no Novo Mundo

משה

Chegando ao Brasil, não entraram imediatamente em contato com a colônia, até porque não conheciam quase ninguém, exceto sua irmã Nelly, que morara na rua da Consolação, em São Paulo, antes de se mudar para Jundiaí. Ela já alugara um quarto de pensão para a família, na rua Itambé, onde moravam estudantes, uma enfermeira e, a partir de então, também a família Baruch, com seus dois filhos. Sua mobília consistia em uma cama de casal e duas camas para as crianças. Seus primeiros contatos foram, portanto, com brasileiros. Tinham também dois amigos que vieram na mesma época: um foi morar na rua Veiga Filho e outro na rua Albuquerque Lins, também na capital paulista, e cujo contato retomaram em seguida.

***

Moshe nunca teve dificuldades com idiomas. Falando fluentemente o ladino e o italiano, foi fácil aprender o português. E, recorda-se, "graças a D'us tínhamos livros... a Sally sabia onde estava cada um, eu não tenho ideia". Hoje, têm milhares de livros, quase todos já adquiridos no Brasil, mas Sally guardou a tristeza de ter deixado para trás muitos dos volumes de sua livraria de Tel Aviv. Ela era tão apaixonada por livros que o primeiro presente de aniversário que pôde escolher por si não foi um brinquedo, mas um livro.

Hoje, Moshe diz que não sabe se fala nem ao menos dois idiomas corretamente. Mas fala perfeitamente. O português foi o último idioma que aprendeu, o oitavo. Lendo o jornal *O Estado de S. Paulo*, começou a se afeiçoar ao novo idioma.

Não tendo grandes dificuldades de comunicação, foram percebendo que o brasileiro era um povo "formidável". Para responder às palavras "por favor", largavam o que estavam fazendo e colocavam-se à disposição. "Meu D'us, essas pessoas saem de seus lugares em auxílio do próximo! Na Europa, lamento dizer, não é assim". Ele não se refere à sua terra, a Bulgária, onde adoram uma boa conversa, mas particularmente à Europa ocidental. Também lamenta que essa cordialidade, essa gentileza, infelizmente não existam mais.

Matricularam as crianças no Colégio Marina Cintra, que ficava na esquina das ruas Antonia de Queiroz e da Consolação, e logo nos primeiros dias elas começaram a formar seu círculo de amigos e a falar português.

Nunca se preocupou com ex-nazistas refugiados no Brasil, pois sabia que não o incomodariam. Mais: sabia que estavam escondidos, caso contrário seriam presos. Ele cita como exemplo o caso de Eichmann, raptado em Buenos Aires em 1960, dois anos depois da chegada de Moshe ao Brasil; levado a Jerusalém, seria julgado e executado em 1962.

Convicto de que Israel defende seus filhos, mesmo fora de suas fronteiras, que sabe tomar as decisões certas, lembra-se perfeitamente do sequestro do avião da Air France, em 1976, conduzido a Entebbe, Uganda, então sob o governo Idi Amin Dada, favorável aos guerrilheiros palestinos. A família residia na rua Bela Cintra. Ele se recorda de que era um domingo, ao ligarem a televisão, souberam do caso e de ter pensado no exato instante: "Conheço minha gente; alguma coisa eles estão planejando". E, de fato, pouco depois, chegou a notícia de um ataque-relâmpago ao aeroporto de Entebbe, uma operação tão precisa e bem-sucedida que todos os reféns foram resgatados e as forças israelenses tiveram apenas uma baixa, o tenente-coronel Yonatan Netanyahu, irmão do atual premiê. Mesmo o corpo dele foi resgatado. Lúcido e com memória fotográfica, Moshe conhece bem a operação, estudou-a posteriormente; sabe que tinham tudo planejado nos mínimos detalhes, em tempo recorde. Parte da aviação militar ugandense foi destruída em terra, e Moshe recorda-se da euforia nos Estados Unidos, na Inglaterra e até mesmo aqui no Brasil. No entanto, também se lembra, com alguma amargura, das críticas ao ataque, como se fosse possível o resgate de mais de cem passageiros com diálogos pueris.

***

No Brasil descobriu nomes que nunca tinha imaginado que seriam de origem, ou pelo menos influência judaica, como Silva, Souza ou Pinto. Na Bulgária existiam nomes semelhantes e, como esses últimos, todos de origem sefardita.

Cita a pesquisadora Anita Martins Rodrigues de Moraes, que pesquisou o Brasil de Norte a Sul e descobriu nomes e mesmo festas populares que ele nunca poderia ter imaginado serem de origem judaica. Lembra-se também de uma moça que trabalhou em sua casa, na década de 70, cuja mãe, da região Norte, tinha costumes judeus, de cuja origem jamais teve a menor ideia, pois considerava-os cristãos. E conclui, sorridente: "A mensagem judaica é a mesma que a cristã." De fato, há muito mais pontos de união do que de atrito.

Moshe sempre teve orgulho dessa postura: orgulha-se de ter amizades sólidas com católicos, protestantes, orientais e até bons contatos com muçulmanos e ateus, posto que foi muito bem recebido por todos no Brasil. Sentiu-se como se esse fosse o lugar certo para se estar. "Aqui sempre me senti como um filho que volta para casa."

***

Seu cunhado trabalhava na Vigorelli, fábrica de máquinas de costura, onde ele também viria a trabalhar. Seus sobrinhos nasceram no Brasil, e um deles, emigrou para Israel, foi trabalhar na maior fábrica de medicamentos genéricos do Oriente Médio, chamada Teva. Faz mais um comentário sobre a qualidade dos produtos israelenses mas, modestamente, não se estende muito no assunto:

> *Você sabe, quando Israel faz alguma coisa, faz bem-feito. Para os religiosos, é porque somos o povo escolhido, isso consta em nossas orações e está sempre em nossa memória, porque D'us nos escolheu, e creio que isso tem mesmo alguma ligação com o Criador. Foi dito que "Se vocês não fizerem as coisas do jeito que eu peço, vão pagar", e assim aconteceu* [aos que romperam essa ligação].

Yazigi - Vigorelli

משה

Em pouco tempo Moshe se tornou professor de inglês no Yazigi, aproveitando a oportunidade para também aprender melhor o português. Não foi sua primeira atividade profissional no Brasil. A primeira, que lhe desagrada muito contar, foi a sociedade com aquele amigo da Socony Vacuum, que lhe custou quase todo o dinheiro que havia trazido. A sociedade não deu certo, seu "amigo" não era tão confiável assim e, em pouco tempo, Sally encontrou um anúncio nas páginas do *Estadão* procurando professores de inglês no Yazigi. Ambos se apresentaram, foram aprovados, mas antes tiveram de fazer um curso para obterem a habilitação para lecionar. Ter conhecido fonética, que aprendera no Colégio Americano de Sófia, ajudou muito Moshe.

Sally preferiu ensinar inglês e francês, idiomas que dominava, em outra escola, e também lecionou no Arthur's Studio, ao passo que Moshe logo passou a diretor de Cursos Externos do Yazigi, sendo pioneiro nessa área, organizando grupos de ensino externo para Palmolive, General Motors,

General Electric, Ford, Cooperativa Agrícola de Cotia e outras grandes empresas. Ele era responsável pela organização dos grupos e também fazia as apresentações comerciais em inglês a essas empresas. Também treinou outros professores para essa atividade externa. O próprio Yazigi, percebendo o potencial de expansão desse mercado, abriu filiais e expandiu sua rede, cabendo a Moshe administrar os professores que ele próprio treinara. A iniciativa foi um sucesso e durou de 1964 a 1967.

Interessante notar que a escola tinha um jornal, onde Moshe publicou um artigo onde explicava o significado da palavra *yazigi*: antigamente, em todos os países sob o domínio do Império Otomano havia um personagem que lia e escrevia cartas para as pessoas, em sua maioria analfabetas, o *yazigi*[32]. Um dos fundadores da escola tinha esse nome, sem saber o significado da palavra. O Yazigi não tinha professores americanos; até o diretor era brasileiro.

O problema ali era seu baixo salário, e Moshe, como outros professores, completava seu orçamento com aulas particulares. Dessa maneira, Moshe conheceu um dos diretores da Caixa Econômica Federal em São Paulo, o dr. Loureiro.

Por volta de 1967, a família morava em um pequeno apartamento na rua Bela Cintra, em São Paulo, quando o proprietário os avisou que voltaria à Itália e colocaria o apartamento à venda. Moshe tinha a preferência na compra, mas não o dinheiro, aproximadamente US$ 15 mil. No dia seguinte, durante a aula, Loureiro perguntou porque Moshe estava com aspecto tão preocupado, então ele lhe contou a razão. O dr. Loureiro imediatamente ligou para a Caixa Econômica

32 **Yazigi** — palavra turca que significa "aquele que lê e escreve cartas".

Federal, então Caixa Econômica de São Paulo[33], e só então Moshe percebeu que ele era membro da alta diretoria do banco!

Loureiro falou com sua secretária avisando que Moshe a procuraria naquele mesmo dia, na agência, e que ela deveria preencher a papelada para um empréstimo, que saiu em três dias, "por incrível que pareça". Assim, poucos dias depois, Moshe e a família tornaram-se proprietários de um apartamento.

Moshe ficou na escola praticamente três anos, tendo saído a convite de seu amigo Giuseppe "Pepo" Franco, da Vigorelli do Brasil, uma indústria de judeus de origem italiana. Pepo fora criado pelo pai de Moshe, na Bulgária; havia uma relação de amizade e respeito muito sólidas. Foi trabalhar com Pepo, com perspectivas de carreira e melhora de vida. A Vigorelli do Brasil operava com base em contrato com a Vigorelli da Itália, fabricando peças para máquinas de costura, até assumir totalmente a fabricação das próprias máquinas. Eram três irmãos; com o falecimento do mais novo, Giacomo, que era o mais velho, responsabilizou-se pela parte administrativa e política, e Pepo organizou a fábrica, mesmo sem ser engenheiro. Chegaram a construir casas para acomodar os engenheiros e vários funcionários. A fábrica ficava em Jundiaí, a poucos quilômetros de São Paulo, e chegou a ter 3 mil funcionários.

Moshe era responsável pelo departamento de compras, setor importante e disputado, pois se suspeitava que alguns dos compradores não eram confiáveis. A eficiência de Moshe foi tamanha que, em pouco tempo, praticamente só

33 **Caixa Econômica de São Paulo**, criada em 1916, posteriormente renomeada Nossa Caixa e a partir de 2009 incorporada ao Banco do Brasil.

ele fazia as grandes compras, de toneladas de aço e madeira. A madeira vinha basicamente de Curitiba, cidade que ele visitou com bastante frequência. Para entender como funcionava a atividade, começou a viajar para fazer as compras diretamente na origem. Ele se lembra de uma ocasião, em Santana do Livramento (RS), em que ficou hospedado em uma pensão tão suja que teve de dormir em uma rede, tamanha a quantidade de ratos. Um deles chegou a subir na rede e foi calmamente chutado. Quem já tinha visto guerra e mortes não se assustaria com um rato, mesmo que tivesse o tamanho de um cachorro.

Mesmo antes de trabalhar efetivamente na Vigorelli, Moshe já lhes prestava alguns serviços informais. Em uma ocasião, por volta de 1960, Moshe conheceu Jânio Quadros[34], que era amigo íntimo do Giacomo Franco, que por sua vez era cotado para ser presidente da Caixa Econômica Federal em Brasília, ou do Banco do Brasil. E como todos acreditavam que ele seria o próximo presidente, isso ajudava a fazer com que fosse muito bem tratado.

Jânio foi eleito e renunciou em alguns meses. Em uma das reuniões depois da renúncia, por volta de 1962 ou 1963, Moshe foi chamado e Giacomo pediu para que ele fosse a uma rua perto do do clube Hebraica, em São Paulo, com o Aero Willys da Vigorelli, buscar "uma pessoa". Tudo em clima de mistério, todos falavam baixo. Giuseppe, o amigo

34 **Jânio da Silva Quadros**, foi governador do Estado de São Paulo, 22º presidente da República e prefeito de São Paulo; talvez uma das figuras mais polêmicas da política brasileira, teve uma carreira meteórica, foi eleito Presidente da República com votação expressiva e renunciou 7 meses depois, em agosto de 1961, alegando "forças terríveis", até hoje não esclarecidas , mas certamente relacionadas a seu comportamento autoritário e à sua desastrada política externa.

de Moshe, fez questão de frisar que não sabia do que se tratava. Como se ele, Moshe, fizesse questão de saber...

E ele foi, e trouxe a pessoa importante de que falaram: o próprio Jânio. Giacomo pediu para Moshe ficar à sua disposição e chamá-lo de "presidente". Depois da meia noite, Jânio o chamou e, com a esposa, D. Eloá, pediu que Moshe os levasse à casa da filha do ex-presidente. Lá ficaram cerca de uma hora e, ao saírem, traziam malas que foram colocadas no bagageiro.

D. Eloá sentou-se no banco de trás e Jânio na frente, ao lado de Moshe, que conduzia o carro. O pedido era: "Vamos rápido para o Guarujá. Procure não chamar atenção". Em velocidade relativamente alta, perto de Riacho Grande, em São Bernardo do Campo, um cachorro cruzou o caminho deles e, infelizmente, foi atropelado. Sem perder a direção, Moshe conseguiu seguir adiante.

Ao passarem pelo pedágio, Moshe percebeu que Jânio não estava à vontade. Logo em seguida, atropelaram outro cachorro. Chegaram à balsa e ele continuava não se sentindo à vontade, o carro não tinha placas brancas, não existia *insulfilm* na época, e o passageiro começou a ser reconhecido. Ele não queria chamar atenção, mas ao tentar se esconder ostensivamente, fazia exatamente o contrário. Na balsa ele voltou a se abaixar no banco, exatamente como fez ao passar pelo pedágio. As pessoas que andavam pela balsa perceberam e começaram a comentar que Jânio Quadros estava no carro. "Mas graças a D'us a balsa logo chegou, o desembarque foi liberado, nada aconteceu e Jânio pediu para passarem na casa do Adolfo Selmi, do Pastifício Renata, de quem era muito amigo. Ao chegarem à casa, o cachorrinho de Adolfo aproximou-se latindo, e Jânio brincou: 'Vamos tentar não matar este cachorro'". Naquela noite, Moshe, que adorava cães, que nunca tinha matado animal algum, sentiu-se culpado no mesmo instante, pois havia atropelado dois deles por causa dessa corrida misteriosa e insana, e justamente no dia do aniversário de sua filha Edna, que era maluca por cães. Hoje, ao se lembrar do fato, ele acredita que não tenha sido sua culpa, mas de ordens que deviam ser obedecidas: ser rápido e não parar por nada, mas a preocupação com um fato menor, o atropelamento de dois cães, ilustra a personalidade de Moshe. Saíram do Guarujá em direção à praia de Pernambuco e, finalmente, chegaram à casa de Jânio, onde os empregados retiraram as malas. O presidente convidou Moshe para um café, educadamente recusado, pois era aniversário de sua filha e ele não queria demorar. Desculpou-se efusivamente, mas tinha de voltar o mais rápido possível.

Jânio então pediu para que Moshe saísse do carro e retirou de baixo do banco do motorista uma espingarda, que ele não conseguiu identificar e cuja existência desconhecia, mas acreditava ser de caça. Moshe tremia ao pensar que como estrangeiro poderia ter entrado na maior fria; nem naturalizado brasileiro ainda ele era, e mais: levando um ex-presidente cuja renúncia estava envolvida em mistério, e em plena ebulição do período pré-regime militar. Mas deu tudo certo e ele chegou em São Paulo às 4 horas.

No dia seguinte, por volta do meio-dia, Pepo perguntou a Moshe o que havia ocorrido, e quando soube da história, os dois irmãos brigaram. Pepo avisou: "Da próxima vez, fale comigo primeiro". "Ora", pensou Moshe, "se ele mesmo, Pepo, havia dito que não sabia do que se tratava, como eu haveria de saber, e como teria tempo para lhe contar?"

Em seu período na Vigorelli, nem tudo eram flores. Moshe sabia que a economia que sua atividade proporcionou à empresa era enorme, porque reduzira o preço de todas as matérias-primas, tanto que chegou a ser conhecido como "trouxa", por ser incorruptível; ele sabia que o tratavam assim pelas costas, mas nunca deu qualquer importância. Também sabia que precisava de aumento, e pelo trabalho executado, bem que merecia, mas não o obteve.

Em vista da situação, consideraram mais seguro que Sally voltasse para Israel em 1964, com os filhos Edna e Nessim, que foram morar em um *kibutz*, enquanto ela foi trabalhar dando aulas particulares de inglês em Tel Aviv. Nunca é demais registrar que Sally sempre participou de todas as decisões importantes e durante toda a vida apoiou a coragem do marido frente a impasses e situações difíceis.

Retornaram ao Brasil em 1965, no período em que Moshe acabou cedendo ao convite de outro amigo, para ser sócio em uma confecção, deixando a Vigorelli com a reputação impecável, em 1964.

Se do ponto de vista profissional houve um afastamento dos Franco, sob o aspecto pessoal a amizade entre as famílias era tão antiga e sólida que não foi abalada com sua saída da empresa. Era tão grande que os Baruch passavam as férias no apartamento de Pepo no Guarujá. As famílias Franco e Baruch permaneceram amigas até o falecimento de Pepo e de sua esposa Dora, e o amigo que o convidou para a sociedade, revelar-se-ia não ser tão amigo, afinal.

Negócio próprio

משה

Seu amigo Pepo, da Vigorelli, não ficou muito feliz com a saída de um colaborador altamente confiável, mas não fez nenhum movimento que pudesse comprometer o futuro profissional de Moshe.

Quando falamos em "negócio próprio", nos referimos a duas confecções. Na primeira, em 1964, investiu quase todo o dinheiro que poupara, enquanto o "amigo", cuja identidade ele prefere omitir, se encarregaria do trabalho de conquistar clientes por meio de seus relacionamentos. "Meu dinheiro se foi, os clientes dele não vieram", resume Moshe, e o negócio não durou muito tempo.

Mesmo sentindo-se bem e entre amigos no Brasil, a família passou por momentos de extrema dificuldade: ocorrido logo após a malograda sociedade com seu "amigo", um fato se sobressai dentre as lembranças tristes de seus filhos - triste, porém com a marca de um orgulho indizível pelo caráter do pai, uma lição de dignidade que conservariam por toda a vida: costumavam frequentar a Salada Paulista, tradicional lanchonete de São Paulo, na av. Ipiranga, onde comiam cachorros-quentes no balcão. Cada um comeu um lanche, dividiram um terceiro e o dinheiro de Moshe acabou-se ali. Naquele dia, Moshe ficou sem comer, e este foi seu segundo momento de decisão, semelhante àquele de tantos anos antes, ao chegar à Turquia: naquela mesma noite ele prometeu a si mesmo que seus filhos nunca mais passariam por aquilo. Essa promessa foi cumprida religiosamente.

Porém, a segunda proposta era mais simples e muito mais efetiva: tratava-se de uma confecção que já existia, e cada um dos dois sócios doaria 5% de sua participação a Moshe. O que faria para adquirir o restante até equiparar-se a eles, viria do trabalho. Pouco tempo depois , um dos sócios resolveu sair para abrir outra empresa sozinho, e deu a Moshe mais 15% das ações. Assim, Moshe se tornou sócio em 25% de uma fábrica já conhecida no mercado, com uma oficina com setenta costureiras e confecção de 30 mil calças por mês.

Foi em 1964 que ele recebeu a segunda proposta. Veio por intermédio de um conhecido, também da colônia búlgara, que precisava de um profissional para sociedade em outra confecção, que tivesse competência para coordenar a fábrica. Na realidade, ele não conhecia Moshe, mas sua esposa conhecia Sally e disparou: "O marido da Sally!" E assim foi feito. Ainda que pudesse voltar à Vigorelli e a uma atividade que gostava e onde teria garantias, ele preferiu arriscar na segunda confecção. A empresa chamava-se Confecção Samuel e fazia calças de veludo e jeans. Moshe já era muito conhecido por sua retidão e a proposta era irrecusável: ele receberia aqueles porcentuais de cada um dos sócios e seria o minoritário, sem dar um tostão, até porque não tinha nenhum. Ele aceitou e conseguiu criar um método de produção mais rentável com relativa facilidade quando, no início de 1966, um dos sócios resolveu sair, de maneira que, no final de 1967, já capitalizado, Moshe pôde adquirir outros 25% e compor 50% da empresa, situação que se manteve até 1982.

O nome Samuel veio do fundador da empresa, mantido pelos proprietários anteriores. Eles também tinham uma grife chamada Sam, que fornecia para outros comerciantes. Sally chegou a dar roupas para sua cabeleireira, quando esta passou por um período de dificuldade, e Moshe tem calças de sua própria confecção até hoje.

***

Moshe também era o responsável por novos negócios. Sally e ele conheceram cerca de doze famílias americanas, de engenheiros que vieram ajudar na construção da Companhia Siderúrgica Paulista (COSIPA). "Eu vesti todos eles", brinca.

Sua rotina de viajar pelo Brasil, tal como na Vigorelli, foi retomada, mas dessa vez era diferente: em vez de fazer compras, efetuava vendas. Em Goiás, pelo Pantanal, ilha do Bananal, Conceição do Araguaia, muitos dos lugares que já conhecera pela empresa anterior.

No Araguaia, hospedou-se na casa do prefeito de Conceição do Araguaia, cujo filho trazia mamões que colhia na hora, uma novidade para Moshe. No dia seguinte, foi se banhar no rio, e o filho do prefeito o avisou que precisava entrar na água arrastando os pés, pois sob a lama do fundo havia um peixe com um ferrão que espetava nos pés de quem pisava nele. Na mesma região presenciou o sacrifício de um boi jogado às piranhas. "Lógica da vida, um sacrificado para quinhentos sobreviverem".

Mesmo dividido entre viagens e planejamento, conduziu a empresa até 1982, incorporando como sócios o filho e a esposa, depois da saída do sócio original. Moshe vendeu-a quando o dono do prédio o requisitou. Isso, somado ao fato de ter problemas com alguns fiscais e também com funcionários, o cansou.

Atualmente, lamenta por ter-se cansado porque tem consciência de que poderia ter rendido muito mais, mas deixou o negócio por várias razões. Uma das piores foi o sindicato que se intrometia em tudo. Faziam reuniões com as costureiras para incitá-las contra a empresa, Moshe não deixava, o sindicato brigava, sempre o ameaçando com multas e vários tipos de tormentos. O sindicato dizia aos funcionários que Moshe era "um gringo que não entende nada dessas coisas", e mesmo tendo um bom contador que lhe dizia o que podia e o que não podia ser feito e que o aconselhava a não confrontar o sindicato e a acatar suas reivindicações, não o deixaram em paz. Moshe Baruch é humano: ele viu a miséria, a morte e a dor. Viu famílias destruídas, de forma que aprendeu a arte da empatia: ele sabia se colocar no lugar das pessoas mais necessitadas e as tratava com respeito e dignidade.

Dessa maneira, sua maior mágoa durante esse período foi a falta de gratidão de algumas funcionárias que, de tão envenenadas, no período em que ele ainda tinha um sócio, chegaram a lhes rogar pragas. Convém dizer que nada disso que fez era obrigatório na década de 1970:

Minha oficina já tinha aproximadamente oitenta costureiras e, muitas vezes, quando chegavam, eu via que algo estava errado. Pareciam doentes ou fracas, não sei. Aí disse a meu sócio: "Essas meninas estão com algum problema, vamos fazer alguma coisa. Vamos atender aqui as nossas costureiras duas vezes por dia, vamos servir café e pão com manteiga, de manhã e à tarde, e meu sócio concordou. Começamos e tínhamos duas pessoas para fazer isso, dando um resultado fabuloso. Mas sempre há alguém que não entende gestos de boa vontade. Não sei se incitadas por alguém, não vou julgar, mas comecei a encontrar dificuldade com determinadas pessoas. A lei determinava a licença-maternidade, na época acho que era de dois meses, não me lembro. Aí uma teve um filho, recebeu presentinhos, enxoval, nós fizemos isso porque quisemos, é uma coisa que já está no caráter da gente, não porque éramos obrigados... Depois de dois meses, ela começou a chegar atrasada, não podia chegar às 6h30 por causa do horário da creche. Respondi que não podia alterar o horário da fábrica e que alguém precisaria ajudá-la. No terceiro dia, ela começou a atrasar novamente. Expliquei-lhe que ela não podia fazer isso por causa das outras costureiras. Ela me ameaçou e disse que eu teria de mudar o horário da fábrica. Avisei-a das consequências, mas alguém já a tinha aconselhado, um daqueles advogados de porta de cadeia. Ela foi mandada embora e entrou com um processo. Fui convocado a depor: eu, que nem advogado tinha, com o meu português, contei ao juiz exatamente o que se passou. Se o juiz achasse que ela tinha razão, eu voltaria atrás. O juiz determinou que ela deveria receber somente o que lhe era de direito e mais nada. Ela pedira um absurdo. O processo foi adiado por mais seis meses. Ela manteve a decisão. O juiz depois disse que nem aquilo [os juros] *teria de pagar. Dois anos ela foi e voltou, foi e voltou, acabou recebendo o que de direito. Do que tinha pedido, saiu com as mãos abanando. Tudo isso me aborreceu tanto que falei para a Sally que ia vender a fábrica. Meus filhos não queriam continuar, e então a vendi.*

Fabricavam, nessa época, bem mais que as 30 mil calças por mês de quando entrara na sociedade. Cansara-se.

***

Finalmente, Moshe fechou a fábrica e aposentou-se em 1982, mas não deixou de trabalhar, mantendo a atividade como tradutor, à qual já se dedicava e que foi intensificada. Sally apresentou-o a um dentista que precisava da tradução de um livro de odontologia, que ele fez não tão rapidamente quanto queria, pois não dominava o assunto, mas com um capricho que lhe rendeu novos trabalhos.

Depois traduziu fábulas e contos e, em seguida, foi convidado para gerenciar a Editora Nova Época, uma empresa pequena, instalada no começo da av. Angélica, em São Paulo, que crescera publicando livros eróticos, mas que naquele momento já passara a publicar obras interessantes, como *Médicos do céu, Médicos da terra*, de Maguy Lebrun. Chamaram-no quando começaram a publicar livros sérios, até porque Sally tivera a experiência de ser livreira em Israel. Sua livraria era franqueada da Steimatzky, a maior rede do país, e eles nunca perderam totalmente o contato com o ambiente editorial. Embora tenham tido alguns problemas com direitos autorais, todos resolvidos, o negócio foi mantido até o falecimento do proprietário.

Sally realmente amava os livros, dos mais variados assuntos. Fora livreira em Tel Aviv, não apenas por ser essa uma oportunidade de negócios, mas também por paixão.

Viera para o Brasil, deixando para trás a livraria, mas trouxera seus preferidos que, somados aos que adquiriu aqui, chegavam a cerca de 10 mil, e ela sabia onde cada um deles estava.

Sally, aliás, tinha uma personalidade tão marcante quanto a de Moshe. Culta, elegante e atenciosa, foi sua companheira de todas as horas por mais de meio século, demonstrando sempre que essa última característica ganhava poder nos momentos mais espinhosos. Em 1995, Moshe passou por uma cirurgia no INCOR, o Instituto do Coração do Hospital das Clínicas de São Paulo, para colocação de um *stent*. Durante a intervenção, o *stent* escapou e ele enfartou na mesa de cirurgia. Foi encaminhado imediatamente à UTI, onde ficou por oito dias, com Sally a seu lado: ela fora tão persistente que conseguiu convencer os médicos que as chances de sobrevivência do marido seriam potencializadas com sua presença.

Moshe nunca deixou de ter alguma atividade. Ambos trabalharam nesse ramo por um bom tempo; já fluentes, traduziam livros do inglês para o português e Sally chegou a escrever alguns livros infantis que nunca chegaram a ser publicados.

***

"Tenho de reconhecer que fui um ótimo trabalhador e péssimo administrador do meu dinheiro", diz Moshe, fazendo seu *mea culpa*. No primeiro caso, as consequências eram sentidas imediatamente; no segundo, demoraram mais tempo.

Conclusão

משה

Moshe Baruch se aposentou, por idade, assim como Sally. As aventuras ficaram no passado, mas conserva a mesma atitude que pautou sua vida inteira. Conduz sua vida de maneira simples e discreta. Quem o vê, dificilmente pode imaginar que trata-se de um participante de três guerras, que conviveu com personalidades fulcrais do século XX.

De sua janela, vê a av. Paulista e gosta da vista, particularmente entre o Natal e o Ano-Novo. Não compartilha dos sentimentos dessas datas pelo que elas representam, mas os entende e gosta deles. Sobretudo gosta das luzes na av. Paulista.

Dos oito idiomas que falava, modestamente diz que hoje só fala dois, mas na verdade fala quatro: hebraico, inglês, italiano e português. Em 1974 foi à Turquia com amigos e mal conseguiu se entender com o motorista do táxi. Mesmo o italiano, só fala porque há italianos em sua congregação, razão pela qual não perdeu contato com o idioma.

Sempre discreto, mas invariavelmente sociável, Moshe fez muitos amigos no Brasil, tanto da colônia judaica como fora dela. Um grande prazer de seus filhos Edna e Nessim é que o pai sempre foi reconhecido por sua cordialidade nas reuniões da comunidade, nas festas judaicas, nas reuniões religiosas ou sociais, nos clubes onde a família passava finais de semana.

Algumas vezes, aqui no Brasil, lhe diziam que "Maurício, você é tão bacana, nem parece judeu". Ele atribui essa tremenda falta de respeito à ignorância e à falta de cultura, mas Moshe Baruch não guarda mágoa de ninguém, nem mesmo dos que o ofenderam dessa maneira, até porque sabe que essas pessoas queriam agradá-lo, apesar de se expressarem tão mal. O que lhe desagradava mesmo eram ofensas propositais, mas mesmo assim, considera que é natural do ser humano procurar um modo de ferir a quem não compreende. E vai mais longe: entende e sabe que nenhum desses comportamentos é generalizado.

Orgulha-se de seu povo, cita várias invenções feitas por judeus. No contexto de nossas agradáveis conversas, citou a então recentemente anunciada criação da menor câmara fotográfica do mundo, capaz de ser inserida no corpo humano e detectar a origem de várias doenças; da participação de Israel no programa espacial norte-americano com o astronauta Ilan Ramon, infelizmente falecido no acidente do Columbia, em 2003, mas imediatamente volta à história e relembra a coleção invejável de Prêmios Nobel concedidas a cientistas judeus. Porém, nunca, em momento nenhum, fala com a arrogância de se achar superior, e sim com a certeza de saber que seu povo fez e continuará fazendo o bem para a Humanidade.

No prédio onde mora há 39 anos, das oito famílias de judeus de quando se mudou para lá, hoje restam duas. Mas ele não considera isso mau; ao contrário, considera que os judeus estarem se dispersando significa que estão totalmente inseridos na sociedade paulistana. Sempre tem uma postura otimista.

Porem, à semelhança das críticas ao resgate no aeroporto de Entebbe[35], chamada de "ataque", Moshe tem a impressão de que essas recrudesceram; recentemente, em Gaza, dois helicópteros de combate israelenses metralharam um carro, matando dois líderes do Hamas, grupo que tem em seu estatuto a destruição de Israel. No dia seguinte, a manchete: "Israel atacou". "Um minuto: atacou quem? Quem planejava mais ataques contra Israel? Isso é *ataque*?", pergunta. Por exemplo, o que mudou em relação a hoje? Há pouco tempo Netanyahu ameaçou retaliar os ataques com mísseis do Hamas. Noventa e nove por cento são destruídos no ar, mas alguns caem em Israel, gerando mais terror do que mortes, mas nada disso sai na imprensa, e se sai, vem com viés distorcido, como se fosse Israel a atacar gratuitamente.

Moshe tem plena convicção de que o povo hebreu é o povo escolhido, e crê também na punição divina pela idolatria na terra de Israel, cuja consequência foi o exílio e recorda o episódio da época do Primeiro Templo, em que o povo hebreu se manteve unido, quase por um milagre, porque cometeu erros contra o que D'us havia pedido, mas religiosos e líderes políticos aceitaram sua punição e permanecem unidos[36].

---

35 **Resgate em Entebbe**, ou **Operação Thunderball**, realizada para o resgate de 100 reféns judeus de terroristas palestinos no Aeroporto Internacional de Entebbe, Uganda, em 4 de julho de 1976, pela Sayeret Matkal, unidade de Forças Especiais israelense cuja atividade consiste em planejar ações de contraterrorismo, em uma operação planejada em tempo recorde e executada em poucos minutos. Ver http://montedo.blogspot.com.br/2014/07/o-resgate-de-entebe-uma-das- melhores.html. Acesso em 18/mai/2015.

36 A destruição do Primeiro Templo foi levada a cabo por Nabucodonosor, rei da Babilônia, em 586 a. C. Diz a tradição bíblica que por castigo divino devido à

Por outro lado, ele também sabe que nem por isso deixam de ser humanos e passíveis de erros, como na perseguição aos terroristas do Setembro Negro[37], quando houve excessos — refere-se ao garçom árabe assassinado perto de Kopenhagen, na frente de sua esposa dinamarquesa por ter sido confundido com um dos terroristas, conforme narrado por Aaron J. Klein em seu livro *Contra-ataque*.

Moshe cita também o caso do navio com "suprimentos" para Gaza, ocorrido em 2010, que pretendia furar o bloqueio a Gaza e que Israel ameaçou afundar se fosse em frente. Ofereceu um porto e caminhões para o transporte a Gaza depois de uma verificação, mas os "pacifistas" não queriam. Durante o impasse, Israel enviou soldados por helicóptero para inspecionar o navio, e os "pacifistas" jogaram ao mar o soldado que desceu do primeiro helicóptero[38]. Muito pacíficos!

No entanto, ele crê que Israel dispõe de meios para se prevenir contra qualquer tentativa de ataque daquele que é talvez seu pior inimigo declarado, o Irã, e também dos grupos paramilitares do Líbano (Hezbollah) e da Palestina (Hamas). Mas tem medo das associações do governo brasi-

falta de fidelidade do povo, conforme Ezequiel 6: 1-14. Ver http://www.abiblia.org/ver.php?id=1700#.VVqdIU_F_OU,, acesso em 18/mai/2015.

37 **Setembro Negro**, organização terrorista palestina de origem em um braço radical da antiga OLP (Organização para a Libertação da Palestina), quando essa foi expulsa da Jordânia por tentativa de golpe de Estado contra o então rei Hussein. Formado em 1970, nas Olimpíadas de Munique-1972 perpetraram um ato contra a equipe israelense, que resultou na morte de 11 atletas, o que desencadeou a chamada operação Cólera de Deus, por parte do Mossad.

38 **Flotilha da Liberdade**, referência a um grupo de seis navios que transportava mais de 750 pessoas com ajuda humanitária para a Faixa de Gaza e que teria sido atacado por Israel em 31de maio de 2010. Na verdade, tratava-se de ativismo político. http://veja.abril.com.br/blog/reinaldo/geral/os-piratas-da-paz/. Acesso em 18/mai/2015.

leiro com terroristas, em particular do secretário de Assuntos Internacionais do governo brasileiro, claramente comunista e pró-Hamas e palestinos, avesso ao diálogo.

Moshe sabe que estão distantes os dias em que os judeus foram perseguidos pelo cristianismo, representado pela madeira da Cruz, mas não do islamismo, representado pela pedra, a Kaaba, e entende que essas não constituem idolatria, mas religiões. Não sabe, porém, se por motivos religiosos, políticos ou quaisquer outros, mas sabe que os judeus não estão sozinhos, sabe que, embora não sejam maioria, muitos os apoiam e são amigos, no melhor sentido da palavra, como os próprios editores deste livro.

Até bem pouco tempo, frequentava a Congregação Israelita Paulista, e hoje frequenta a sinagoga Beit Yaakov, da rua Bela Cintra, em São Paulo. Apesar de nunca ter sido um homem particularmente religioso, sempre respeitou as tradições festivas e litúrgicas. Segue à risca as preces, arrependimentos e o jejum do Yom Kipur e ao toque do Shofar. Passou a dar mais atenção à religião com a idade[39]. Sally não dormia sem rezar um Pai-Nosso, aprendido com as freiras em Jerusalém, costume que a acompanhou até o fim da vida.

***

Moshe não assiste nem gosta de novelas, mas assiste telejornais. Considera que o Brasil tem bons atores e vê com

39 **Sinagoga Beit Yaakov** — O nome refere-se às duas sinagogas da comunidade Sefardi Paulista, a da rua Antonio Carlos, fundada em 1964 e a da rua Veiga Filho, de 1995. A Congregação foi fundada no final da década de 50, quando judeus originários de Aleppo e de Beirute se estabeleceram em São Paulo. http://www.morasha.com.br/. Acesso em 02/jun/2015.

satisfação o progresso do cinema nacional, porque sempre gostou de cinema.

Ainda no plano cultural, Moshe faz uma comparação inevitável: São Paulo tem 14 milhões de habitantes e mil livrarias; Tel Aviv, tem 400 mil moradores e ele calcula ter 2 mil delas.

Teve apenas dois netos: Sabrina, filha de Edna, e Daniel, filho de Nessim, ambos casados com não-judeus. Seu envolvimento com ambos foi e continua sendo literalmente de pai.

Sabrina Baruch Negrão Marques foi a primeira neta, única por mais de uma década. Nascida em 1978, desde cedo aprendeu a cantar em francês e inglês com Sally, mas o que amava mesmo era sair sozinha com o avô. Ele se recorda particularmente dos almoços no Gigetto, tradicional restaurante italiano de São Paulo, onde ela comia seu prato favorito: filé à milanesa. Moshe preparava o lanche dela para a escola, fazia as lições de casa com ela e, voltando das viagens, trazia metade dos brinquedos que existiam em Israel. E o que mais ela gostava era da embalagem de chicletes redondos coloridos e um saco de balas chamadas Pez. Daniel Pinheiro Gonçalves Baruch nasceu em 1991 e sua história tem uma relação direta com os avós paternos, pois foi criado por eles e pelo pai desde os cinco anos de idade. Por incrível que pareça, a família comentava e brincava por diversas vezes que Daniel seria a reencarnação do bisavô Nessim, tamanha a ligação dele com Moshe. Sally fazia literalmente de tudo por ele, e isso sempre foi reconhecido, mas sua ligação com o avô era quase espiritual.

E não esquece — como poderia? — do *Hatikva*, o triste e esperançoso Hino Nacional de Israel, que, não por acaso, significa precisamente isso: *Esperança*.

Finalmente, a conclusão do caso do *Orient Express*: mal cabendo em si por, aos vinte anos, salvar duas pessoas, Moshe realmente se lembrou e se lembra até hoje do que sentiu em relação à citação do Talmud: *Quem salva uma vida, salva o mundo todo*. Não anotou seus nomes, nem sequer o nome do advogado ele se recorda, pois nunca se preocupou com isso; tudo que ele sabia era que *eles precisavam de ajuda e ele estava em condição de ajudar*. Durante sua estada em Istambul, procurou por parentes deles na lista telefônica e também não encontrou ninguém.

Vinte dias depois, não conteve sua satisfação - até hoje uma das grandes alegrias de uma vida de quase um século - quando o próprio advogado o procurou para informar que eles já tinham embarcado para os Estados Unidos. Nunca mais soube deles.

Moshe Baruch é uma testemunha da História. Conserva uma capacidade invejável de raciocínio e análise de fatos, é admirado por todos quantos o conhecem porque nunca transigiu com soluções fáceis e cômodas para problemas complexos e mantém a coragem que o orientou por toda a vida, mesmo nos momentos mais difíceis. Mas, sobre todas as coisas, é um homem bom.

Bibliografia

משה

ARENDT, Hannah, *Eichmann em Jerusalém* — Um relato sobre a banalidade do mal. Companhia das Letras: São Paulo, 2000.

BAR-ZOHAR, M. Michel, *Ben Gurion* — O profeta armado. Editora Senzala: São Paulo, 1968.

BEN JACOB, Maty, *Ordem do dia: A questão palestina.* São Paulo: edição independente, 1986.

BENBASSA, Esther e RODRIGUE, Aron, *História dos sefarditas* — De Toledo a Salônica. Instituto Piaget: Lisboa, 2000.

BESANÇON, Alain, *A infelicidade do século* — Sobre o comunismo, o nazismo e a unicidade da Shoah. Bertrand Brasil: Rio de Janeiro, 2000.

COHN-SHERBOK, Dan e EL-ALAMI, Dawoud, *O conflito Israel-Palestina.* Editora Palíndromo: São Paulo, 2005.

DAYAN, Moshe, *A guerra do Sinai.* Biblioteca do Exército/ Bloch Editores: Rio de Janeiro, 1972.

GARCÍA-GRANADOS, Jorge, *Assim nasceu Israel,* Sêfer: São Paulo, 2005.

GARSCHAGEN, Bruno, *Pare de acreditar no governo* - Por que os brasileiros não confiam nos políticos e amam o Estado. Record: Rio de Janeiro, 2015.

KENEALLY, Thomas, *A lista de Schindler* — Um herói do Holocausto. Record: Rio de Janeiro, 1993.

KLEIN, Aaron J., *Contra-ataque,* Ediouro: Rio de Janeiro, 2005.

LEWIS, Bernard, *Os Assassinos* - Os primórdios do terrorismo no islã. Jorge Zahar Editor, Rio de Janeiro, 2003.

POLIAKOV, Léon, *Do Anti-semitismo ao Anti-sionismo.* Editora Perspectiva: São Paulo, 1988.

RIBEIRO, Paulo Cesar, *História da Caixa Econômica Federal de São Paulo — 1875 a 1970.* Editora Memória: São Paulo, 1997.

STEVENSON, William, *90 minutos em Entebbe,* Difel: Rio de Janeiro, 1976.

TUCCI CARNEIRO, Maria Luíza, *Dez mitos sobre os judeus.* Ateliê Editorial: São Paulo, 2014.

Esta obra foi composta pela Spress em Minion corpo 12/15pt
e impressa sobre papel Pólen Soft 80 gr/m² e Cartão Supremo 250 gr/m² nas
capas pela Geográfica para a Linotipo Digital Editora e Livraria Ltda.,
em outubro de 2015.